金融期货与期权丛书　张慎峰 主编

中国金融期货交易所
China Financial Futures Exchange

国债充抵交易保证金问题研究

●《国债充抵交易保证金问题研究》课题组 著

中国财政经济出版社

图书在版编目（CIP）数据

国债充抵交易保证金问题研究／《国债充抵交易保证金问题研究》课题组著．—北京：中国财政经济出版社，2014．12

ISBN 978－7－5095－5885－0

Ⅰ．①国…　Ⅱ．①国…　Ⅲ．①国债市场－期货交易－保证金－研究－中国　Ⅳ．①F832．5

中国版本图书馆 CIP 数据核字（2014）第 293946 号

责任编辑：蔺红英　程　旭　　　　责任校对：李　丽

封面设计：田　晗　　　　版式设计：董生平

中国财政经济出版社出版

URL：http：//www．cfeph．cn

E－mail：cfeph＠cfeph．cn

社址：北京市海淀区阜成路甲 28 号　邮政编码：100142

营销中心电话：010－88190406　北京财经书店电话：64033436　84041336

北京中兴印刷有限公司印刷　各地新华书店经销

787×1092 毫米　16 开　16 印张　206 000 字

2014 年 12 月第 1 版　2014 年 12 月北京第 1 次印刷

印数：1—5 000　定价：38．00 元

ISBN 978－7－5095－5885－0/F·4749

（图书出现印装问题，本社负责调换）

本社质量投诉电话：010－88190744

打击盗版举报热线：010－88190492，QQ：634579818

《国债充抵交易保证金问题研究》课题组

组　长：周成跃

副组长：熊　军　白伟群　刘肃毅　陈　晗

成　员：韦士歌　邱　刚　徐良堆　陈加赞
　　　　殷晓峰

总　序

20 世纪 70 年代初开始，欧美国家金融市场发生了深刻变化。1971 年，布雷顿森林体系正式解体，浮动汇率制逐渐取代固定汇率制，汇率波动幅度明显加大。同期，各国也在不断推进利率市场化进程。随着欧美国家利率、汇率市场化程度的提升，利率、汇率风险逐渐成为市场风险的主要来源，经济主体对利率、汇率风险管理的需求大幅增加。金融期货期权就是在这样的背景下产生的。1972 年，芝加哥商业交易所推出了全球第一个外汇期货交易品种；1973 年，芝加哥期权交易所推出了全球第一个场内标准化股票期权；1975 年，伴随美国利率市场化进程，芝加哥期货交易所推出了全球第一个利率期货品种——国民抵押协会债券期货；1982 年，堪萨斯交易所又推出全球第一个股指期货——价值线指数期货合约。金融期货期权市场自诞生以来，发展一直十分迅猛。近年来，金融期货期权成交量已经占到整个期货期权市场成交量的 90% 左右，成为金融市场的重要组成部分。

金融期货期权市场是金融市场发展到一定阶段的必

然产物，发达的金融期货期权市场是金融市场成熟的重要标志。金融期货期权能够高效率地实现金融风险在市场参与主体之间的转移，满足经济主体金融风险管理需求。1990 年诺贝尔经济学奖获得者莫顿·米勒对其有过经典的评价："金融衍生工具使企业和机构有效和经济地处理困扰其多年的风险成为了可能，世界也因之变得更加安全，而不是变得更加危险"。

金融期货期权诞生以来，对全球经济发展起到了积极的促进作用。在宏观层面，金融期货期权显著提升了金融市场的深度和流动性，提高了金融市场的资源配置效率，有效改善了宏观经济的整体绩效；在微观层面，金融期货期权为金融机构提供了有效的风险管理工具，使金融机构在为企业和消费者提供产品和服务的同时，能够及时对冲掉因经营活动而产生的利率、汇率等风险敞口，使他们能够在利率、汇率市场化的环境下实现稳健经营。

党的十八大明确提出，要更大程度、更广范围发挥市场在资源配置中的基础性作用，要继续深化金融体制改革，健全促进宏观经济稳定、支持实体经济发展的现代金融体系，加快发展多层次资本市场，稳步推进利率和汇率市场化改革。可以预见，我国将进入一个经济金融市场化程度更高的新时代，利率、汇率等金融风险将成为市场主体日常经营中必须面对和处理的主要风险。在这样的时代背景下，加快发展我国金融期货期权等衍生品市场具有格外重要的意义：

一是有利于进一步提升我国金融市场的资源配置效率。期货期权市场的发展，有利于提升基础资产市场的流动性和深度，从而为基础资产市场的投资者进行资产配置、资产转换、风险管理提供便利，促进金融市场资源配置功能的发挥。

二是助推我国利率和汇率市场化改革进程。随着我国利率、汇率市场化程度不断提高，机构面临的利率、汇率风险在增加。如果缺乏有效的风险管理工具，包括商业银行在内的各类市场主体无法有效地管理风险敞口。这不仅对金融机构稳健经营构成挑战，也会牵制利率和汇率市场化改革的进程。只有在利率和汇率市场化改革过程中，适时推出相应的期货期权衍生产品，才能保证利率和汇率市场化目标的实现。

三是有利于推动我国经济创新驱动，转型发展。实体经济以创新为驱动，必然要求金融领域以创新相配合，才能不断满足实体经济日益多样化、个性化的需求。金融期货期权是各类金融创新的重要催化剂和基础构件，发展金融期货期权等衍生品，有利于推动整个金融行业开展有效创新，拓展和释放金融服务实体经济的空间和能量，促进我国实现创新驱动的国家发展战略。

当前，我国金融期货期权市场还处在发展的初期，远远不能满足市场参与者日益增加的风险管理需求，也远远不能适应我国实体经济发展和金融改革创新的新形势和新要求，加快发展我国金融期货期权市场已经刻不容缓。

2010年4月16日，中国金融期货交易所推出了沪深300股指期货，标志着我国资本市场改革发展又迈出了一大步，对于完善我国资本市场体系具有重要而深远的意义。中国金融期货交易所肩负着发展我国金融期货期权等衍生品市场的重大历史使命，致力于打造“社会责任至上、市场功能完备、治理保障科学、运行安全高效”的世界一流交易所，建设全球人民币资产的风险管理中心。加强研究和交流是推动我国金融期货期权市场发展的重要手段，中国金融期货交易所组织出版的这套金融期货与期权丛书，旨在进一步推动各方关注我国金融期货期权市场的发展，明确金融期货期权市场发展路径；帮助大家认识和理解金融期货期权市场的内在功能和独特魅力，凝聚发展我国金融期货期权的共识；培育金融期货期权文化，培养我国金融期货期权市场的后备人才。这套金融期货与期权丛书涵盖了理论分析、实务探讨、翻译引进和通俗普及等四大板块，可以适应不同读者的需求。相信这套丛书的出版必将对我国金融期货期权市场发展事业起到积极的推动作用。

中国金融期货交易所董事长 张晓峰

2013 年 7 月

前 言

资本市场是社会主义经济和现代金融体系的重要组成部分。20多年来，我国资本市场快速发展，初步形成了涵盖股票、债券、期货的市场体系，为促进改革开放和经济社会发展、建立和完善现代企业制度做出了重要贡献。当前，我国正处于全面深化改革的新时期，进一步促进资本市场健康发展，有利于构建符合我国实际的投融资平台，有利于优化金融市场结构，健全金融市场体系，提高直接金融比重，已成为资本市场发展的迫切要求。2014年5月9日，国务院发布了《关于进一步促进资本市场健康发展的若干意见》① （以下简称“新国九条”），将中国资本市场发展带入了又一个春天。业界认为，2004年的《关于推进资本市场改革开放和稳定发展的若干意见》（以下简称“国九条”）拉开了股权分置改革的大幕，而新国九条提出的以注册制为核心的举措无疑是资本市场未来发展的新起点，为中国资本市

① 引自：《新国九条的新意》，载新华网：http；//news. xinhua/com/fortune/2014-05/12/c.，2014年5月12日访问。

场的发展再度明确了方向①。总体来看，“新国九条”是贯彻落实党的十八大和党的十八届二中全会、党的十八届三中全会精神、全面深化资本市场改革的纲领性文件，对于指导当前和今后一个时期资本市场的各项工作具有重要现实意义，也必将对资本市场的长期稳健发展产生深远影响。这其中更是将期货市场的发展提上了战略高度。不同于“国九条”仅提到“促进资本市场中介服务机构规范发展，把证券、期货公司建设成为具有竞争力的现代金融企业”的表述，“新国九条”明确提出“推进期货市场建设”和“提高证券期货服务业竞争力”的全局概念，并详细阐释了发展商品期货和金融期货市场等重要政策和措施，为期货市场的发展明确了方向，对于完善期货市场产品序列，切实发挥期货市场功能均具有重要意义。特别需要指出的是，“新国九条”明确提出，要配合利率市场化和人民币汇率形成机制改革，适应资本市场风险管理需要，平稳有序发展金融衍生产品……进一步健全反映市场供求关系的国债收益率曲线。这与党的十八届三中全会关于健全反映市场供求关系的国债收益率曲线的精神高度一致，为国债市场及相关衍生业务的发展提供了良好契机②。

国债充抵衍生品交易保证金业务是一项重要的国债衍生业务，是境外市场的普遍做法。国债充抵衍生品交易保证金可以提高投资者的资金使用效率，降低市场交

---

① 引自：《新国九条的新意》，载新华网：http：//news. xinhua/com/fortune/2014－05/12/c.，2014年5月12日访问。

② 参见：《关于进一步促进资本市场健康发展的若干意见》，载于《重要经济政策制度汇编》，人民日报出报社2014年版。

易成本、提高市场运行效率，提升市场运行质量，同时可以拓展国债的使用范围，有利于提高国债二级市场流动性，盘活存量国债，是推动国债期货和现货市场持续健康发展的重要举措，更有助于健全反映市场供求关系的国债收益率曲线。因此，及时开展相关研究具有重要的理论价值。当前，随着国债期货的平稳起步和安全运行，国债市场的价格发现机制日趋完善，相应期限的国债收益率曲线日趋合理。国债充抵保证金业务的开展可以从另一个维度发现国债市场价格，推动形成由市场勾画的国债收益率曲线，为各类金融资产提供定价基准。同时，近年来我国期货市场发展态势良好，运行质量和效率不断提升，市场功能进一步发挥，服务实体经济的能力显著提升，国际影响力日益增强，正处于由量的增长向质的提升转变的关键时期，开展国债作为期货保证金业务，有利于进一步降低期货交易成本，提高期货市场运行效率，促进期货市场更好地服务资本市场改革和国民经济发展全局，开展相关课题研究具有更大的实践意义。下一步，我们更要依托本书阐述的理论研究成果，积极推动相关机构深化对国债作为期货交易保证金业务的认识，抓住良好时机并创造有利条件，推动国债充抵期货交易保证金业务早日开展，深度活跃期货市场和国债现货市场，助推市场形成“弧度优美”的收益率曲线。

本书深入研究了国债充抵衍生品交易保证金问题。国债充抵衍生品交易的保证金是境外市场的通行做法，有利于提高投资者的资产使用效率，降低市场运行成本，同时有利于拓展国债的使用范围，增强国债现货市场流动性。本书从实务角度出发，全面研究了我国国债担保品业务的发展现状，介绍了中央国债登记结算公司（以下简称“中央结算”）和中国证券登记结算公司（以下简称“中国结算”）的国债担保品管理业务；系统研究了境内外市场国债充抵保证金的业务模式和具体实践做法；梳理了我国法律对国债担保品业务的规范及存在的问题，重点比较了转移占有和权利质押两种业务模式的优势和不足。从市场长远发展来看，我们认为我国证券市场融资融券业务所构建的转移占有担保模式已为相关业务的开展提供了宝贵的经验和示范，应作为我国开展国债充抵衍生品交易保证金的最终目标，建议以《证券法》修改和《期货法》立法为契机，从法律层面解决转移占有模式在我国证券期货市场的法律依据问题。近阶段，可以通过监管部门出台相关管理办法方式为转移占有模式提供支持，或在相关新法律法规出台之前，采用权利质押模式作为试点过渡方案。在此基础上，我们具体分析了国债充抵期货、国债预发行、国债远期和利率互换交易保证金的必要性和可行性，并提出了相关业务的操作实施方案。

本书主要包括七部分内容：国债担保品业务概述和我国担保品业务发展现状、境外有价证券充抵保证金制度的经验借鉴、境内有价证券充抵保证金制度的经验借鉴、我国法律对国债担保品业务的规范及存在的问题、期货市场国债作为保证金业务研究、国债预发行中国债充抵保证金业务研究、国债远期和利率互换中国债充抵保证金业务研究。本书具体内容如下：

第一部分：主要研究了国债担保品业务概述和我国

担保品业务的发展现状，分析了国债担保品在宏观调控和证券市场中的应用，并重点介绍了中央结算和中国结算的国债担保品管理业务。主要内容如下：

第一，国债是最理想的担保品种类。作为一种金融业务，担保品自身也面临流动性风险、违约风险、价值波动风险等诸多风险。从国内市场的实践来看，国债作为担保品已经为市场各方广泛认可，并已在诸多业务中开展了长期实践，为国债担保品的进一步发展积累了丰富经验，奠定了坚实基础。

第二，托管机构已经建立了完备的担保品管理系统，具备丰富的国债担保品管理经验。目前，中央结算公司和中国结算公司都已建立起了完备的担保品管理系统，可以提供担保品的选择、计算、盯市、替换、调整等一系列的服务，为担保品管理业务的进一步发展提供强有力的保障。

第二部分：着重研究了美国、欧盟、德国、英国、巴西以及中国香港地区和台湾地区的国债担保品业务，通过探讨各国及地区担保品管理业务的模式、具体实践做法，总结其中可供我国国债担保品业务借鉴的业务模式和做法。主要内容如下：

第一，为充分发挥保证金的担保品属性，提高投资者的资金使用效率，降低投资者交易成本，境外期货、现货交易场所除了接受现金交易之外，广泛接受各类有价证券作为衍生品交易的担保品和保证金。

第二，境外市场允许抵缴的有价证券种类一般以政府债券、银行担保信用证、银行保函及股票等最为常见，其中政府债券是最主要的担保品种类。有价证券的不同种类适用不同的折扣比率，政府债券的折扣比率较高（95%左右），一般根据到期日远近制定不同的折扣比率，到期日越近折扣比率越高。

第三，交易所对担保品的控制权和处置权是境外开展该项业务的基本前提，即充抵保证金的担保品必须由交易所绝对控制，一旦结算会员违约，交易所能够按照确定的程序及时处置担保品。因此，转移占有模式成为境外交易所开展担保品业务的共同选择。

第四，灵活、高效的担保品管理服务，以及相关机构之间的高效配合，是开展国债充抵保证金业务的重要基础配套，有助于夯实国债充抵保证金业务的市场基础，充分发挥国债充抵保证金业务的市场功能。

第三部分：重点研究了境内融资融券、转融通制度以及仓单充抵保证金的实践经验，主要内容如下：

第一，要合理确定可充抵保证金的有价证券的范围和折扣率。国内融资融券、转融通业务以及仓单充抵期货保证金等实践经验都表明，合理确定可充抵保证金的有价证券范围是开展国债充抵保证金业务的重要一环。未来开展国债充抵保证金业务，也要合理确定国债的范围，选取流动性好、价格透明度高、易估值的国债作为充抵国债，剔除柜台市场交易的国债、电子储蓄式国债等不适合充抵保证金的国债。

第二，要有完善的保证金和担保品管理制度。有价证券充抵保证金业务是对传统保证金业务的创新和发展，其实现和开展必须要有完善的保证金制度和担保品管理制度相配套。融资融券和转融通业务的经验表明，科学的保证金制度设计，包括保证金比例，现金比例以及维持担保比例等制度设计是开展有价证券充抵保证金业务的重要基础，能够有效地防范信用风险和相关市场风险，保障信用交易的顺利进行。未来开展国债充抵保证金业务要充分借鉴国内有价证券充抵保证金制度的经验，设计完善合理的保证金制度和担保品管理制度，保障相关交易的平稳运行。

第三，高效的担保品处置是有价证券充抵保证金的核心制度。和国际市场有价证券充抵保证金业务的经验一样，国内融资融券和仓单充抵期货交易保证金的业务实践也表明，高效的担保品处置制度是有价证券充抵保证金业务的核心制度和重要环节。未来无论是开展国债作为期货交易保证金业务，还是开展国债充抵其他衍生品交易保证金业务均要以构建高效、安全的担保品处置制度为基本前提和必备制度。

第四部分：主要研究了我国法律对国债担保品业务的规范及存在的问题，重点比较了转移占有和权利质押两种业务模式的优势和存在问题，积极探索一条既符合法律规定又适应市场实践，且可持续发展的道路。主要内容如下：

第一，国债充抵保证金业务的顺利开展有赖于正确的路径选择和合理的制度构建，目前我国开展国债充抵保证金的担保安排有两种可考虑的途径：一是基于《担保法》和《物权法》构建的权利质押模式；二是借鉴融资融券业务采用的转移占有模式。

第二，权利质押模式的法律依据更加明确，按此模式开展国债充抵保证金业务对现行法律机制冲击较小。但是，直接质押模式难以适应我国证券期货市场分层管理体系需要，需依靠转质押模式加以实现。同时，权利质押的违约清偿程序还有待进一步明确。

第三，转移占有模式在担保品处置方面更加高效便捷，符合我国证券期货市场的分级结算体系安排，并已在我国证券市场的融资融券业务中进行了成功实践。但是，国债的转移占有模式不属于我国《物权法》规定的担保种类，以转移占有模式开展国债作为期货保证金业务需要解决法律依据问题。

第四，从市场长远发展来看，我们认为转移占有模式应是开展国债作为期货保证金业务的最佳路径。建议以《证券法》修改和《期货法》立法为契机，从法律层面解决转移占有模式在我国证券期货市场的法律依据问题。近阶段，可以通过监管部门出台相关管理办法方式为转移占有模式提供支持。

第五，在相关新法律法规出台之前，可考虑权利质押模式作为试点过渡方案。权利质押模式下，我们认为国债转质押具有法律依据且可行，应采用转质押适应证券期货市场的分层管理要求。同时必须做好质押债券的违约处置制度安排，建议通过交易所和托管机构业务规则、会员与客户的业务协议等方式明确相关违约处置条款，若发生违约情况，由国债登记托管机构按照相关业务规则及协议约定，配合执行质押券的处置。

第六，我国国债的债权登记托管机构由主管部门指定，无论采用何种业务模式开展国债充抵保证金业务，均应按照我国国债现行登记托管体系，担保品管理由登记托管机构统一管理，交易所应配合登记托管机构共同做好担保品管理工作。

本书在前四部分深入研究国债充抵保证金业务相关基本理论并得出有效结论的基础上，本书的第五、第六、第七部分分别对期货市场国债作为保证金业务、国债预发行中国债充抵保证金业务、国债远期和利率互换中国债充抵保证金业务的开展提出了相应的思考和建议。

第五部分：首先分析了国债作为期货保证金的必要性和可行性。在此基础上，结合我国国债市场、期货市场发展的现状，重点对国债作为期货保证金业务的担保方案进行比较分析，提出当前阶段我国开展国债作为期货保证金业务的操作方案和风险控制安排。主要内容如下：

第一，开展国债作为保证金业务的必要性和可行性。开展国债作为期货保证金业务，有利于提高投资者的资金使用效率，降低期货交易成本，提高市场运行效率，提升市场运行质量，促进期货市场更好地服务资本市场改革和国民经济发展全局。同时，可以拓展国债的使用范围，有利于提高国债现货市场流动性，促进国债发行。国债作为期货保证金是境外市场的普遍做法，国债的价值稳定、易于测定，且流通性较好，国债是最安全的非现金有价证券，其作为期货保证金安全可靠，风险可测可控。

第二，为满足期货市场分级结算体系要求，实现对担保品的快速、安全处置，有效防范相关市场风险，保障我国期货市场长期安全稳定运行，我们认为转移占有模式应作为开展国债作为期货保证金业务的最终目标。当前阶段可采取分步推进方式开展国债作为期货保证金业务：一是由于正在修订的《证券法》建议修改稿中已明确了转移占有模式的法律地位，因此《证券法》修订完成后，应当采用转移占有模式开展国债作为期货保证金业务；或者通过监管部门出台相关管理办法，解决转移占有模式的法律依据问题，直接以国际通行的转移占有模式开展国债作为期货交易保证金业务。二是在相关法律法规出台之前，以质押模式作为开展国债作为期货交易保证金业务的试点过渡方案。

第三，以质押模式试点过渡阶段，通过转质押方式解决期货市场分层结算体系关系，同时为提高国债作为期货保证金业务的运作效率，托管机构根据一笔业务指令一次完成转质押登记。违约情况下，首要目标是实现资产保全，仍然将担保债券质押冻结在出质人账户对质权人来说面临较大的不确定风险，因此在违约时应按照质权人的指令将担保债券划转至质权人国债托管账户，再由质权人按照相关程序进行变卖。

第四，从有利于期货市场长期健康发展考虑，开展国债作为期货保证金业务将是必然选择，但在业务推进过程中应坚持稳妥谨慎原则，科学合理设计国债作为期货保证金的国债范围、资金配比、价值评估、折扣比率、最低限额等风险控制制度，保障该项业务安全平稳运行。

第五，国债登记托管机构的业务范围由监管部门审定和批准，为有利于国债作为期货保证金业务的落实推进，建议有关监管部门尽快出台相关政策，推动国债托管机构与期货交易所做好各项业务衔接工作。

第六部分：研究了国际市场国债预发行及其保证金

规定，对比介绍了我国市场关于国债预发行交易保证金的相关要求。在深入分析国债预发行交易采用国债充抵保证金的必要性和可行性的基础上，提出国债充抵预发行保证金的初步实施方案。主要内容如下：

第一，总体来说，境外市场预发行交易较多根据交易双方的信用承诺进行，部分收取保证金的地区，需要缴纳保证金也较其他金融衍生性产品要低。除现金之外，各地区广泛接受国债等有价证券作为国债衍生品交易的保证金。

第二，2013 年 3 月财政部、人民银行和证监会发布的《关于开展国债预发行试点的通知》明确规定："国债预发行交易实行履约担保制度"。但是，该"通知"对履约担保的具体形式没有规定，这为开展国债充抵预发行交易保证金业务提供了有效支持和广阔空间。

第三，国债充抵预发行交易保证金的必要性和可行性。由于国债预发行保证金成本偏高，市场参与者对国债充抵保证金的需求强烈，同时允许国债充抵保证金有利于提高国债的市场吸引力。从国际经验来看，国债普遍可用于充抵交易保证金，目前我国市场的国债存量规模较大、国债流动性不断改善、国债市场基础设施不断改进、国债估值被市场广泛认可，具备了开展国债充抵保证金业务条件，同时交易所回购市场也为国债充抵保证金提供了风险防范的相关经验。

第四，国债预发行保证金对于结算支付功能的要求低于期货保证金，建议允许国债预发行保证金可全部由国债充抵。可以充抵预发行保证金的国债品种参照可作为回购质押券的国债品种，业务操作流程借鉴国债提交作为回购质押券的业务流程，国债充抵预发行保证金的折扣比例沿用质押式回购中的标准券折算率，并进行每日估值清算。

第七部分：首先研究了当前国债远期和利率互换交易的授信交易，然后分析了国债充抵远期和利率互换交易保证金的必要性、可行性及存在问题。最后，提出了国债充抵远期和利率互换交易保证金的实施方案。主要内容如下：

第一，目前银行间市场的债券远期和利率互换等利率衍生品交易基本上均采用授信交易模式，机构之间的授信往往基于所有的交易品种，也就是说众多的金融产品共享一个授信额度。在授信额度内，交易人员得以与特定对手达成交易。同时，机构会根据不同金融产品的风险特点制定不同的折算授信额度的方法，如利率互换可能不是以名义本金直接充抵授信额度，而是要乘以一个风险系数加以换算。机构间的授信关系根据市场情况进行调整。

第二，国债远期和利率互换交易中国债充抵交易保证金的必要性和可行性。授信交易模式本身仍然存在一定的信用风险，同时随着利率衍生品交易量的迅速增长，市场成员现有的授信额度往往不能满足其交易需要，而且监管机构相继发布了衍生品监管规定，针对参与者从事衍生品交易的信用风险提出了严格的资本金要求，市场参与者对国债充抵保证金的需求强烈。在可行性方面：《物权法》和《全国银行间债券远期交易管理规定》为国债充抵国债远期和利率互换交易保证金奠定了坚实的法律基础，现行中国银行间市场金融衍生产品交易主协议（NAFMII 主协议）制定了完善的履约保障机制，同时现有相关业务系统可以支持国债充抵债券远期和利率互换交易保证金。

第三，为使国债能够切实发挥充抵债券远期、利率互换等衍生品交易的保证金功能，应在法律层面明确担保品快速处置和国债转质押的可行性，并建立有效的实施机制；同时完善衍生品交易、结算、担保品管理等环节的相关基础设施，进一步优化国债充抵衍生品交易保证金可能涉及的业务流程。

目　录
Contents

前　言

第一章　国债担保品业务概述和我国担保品业务发展现状 …… 1

第一节　国债担保品概述 …… 2
第二节　国债担保品在宏观调控中的应用 …… 12
第三节　国债担保品在证券市场中的应用 …… 25
第四节　中央结算公司提供的担保品管理服务 …… 28
第五节　中国结算公司提供的担保品管理服务 …… 35
第六节　相关结论与启示 …… 39

第二章　境外有价证券充抵保证金制度的经验借鉴 …… 41

第一节　美国 …… 42
第二节　欧盟 …… 55
第三节　英国 …… 63
第四节　中国台湾地区 …… 71
第五节　中国香港地区 …… 87

第六节　巴西 …… 96
第七节　相关结论与启示 …… 101

第三章　境内有价证券充抵保证金制度的业务实践 …… 105

第一节　我国证券市场的融资融券和转融通业务概况 …… 106
第二节　融资融券业务的保证金和担保品管理 …… 111
第三节　转融通业务的保证金和担保品管理 …… 121
第四节　期货市场的有价证券充抵期货交易保证金业务 …… 132
第五节　相关结论和启示 …… 137

第四章　我国法律对国债担保品业务的规范及存在问题 …… 139

第一节　我国现行法律对国债充抵交易保证金制度的规范 …… 140
第二节　我国开展国债充抵保证金业务的法律路径 …… 146
第三节　国债充抵保证金业务中的相关问题 …… 154
第四节　相关结论与建议 …… 159

第五章 期货市场国债作为保证金业务研究 …… 165

第一节 国债作为期货保证金的必要性与可行性 …… 166
第二节 国债作为期货保证金的业务实施方案 …… 169
第三节 国债作为期货保证金业务的风险控制 …… 175

第六章 国债预发行中国债充抵保证金业务研究 …… 179

第一节 各国国债预发行制度对交易保证金的规定和要求 …… 180
第二节 我国国债预发行制度对交易保证金的规定和要求 …… 182
第三节 国债充抵预发行交易保证金的必要性 …… 187
第四节 国债充抵预发行保证金的可行性 … 189
第五节 国债充抵预发行保证金的实施初步方案 …… 190

第七章 国债远期和利率互换中国债充抵保证金业务研究 …… 197

第一节 当前国债远期和利率互换交易的授信交易模式 …… 198

第二节　国债充抵国债远期和利率互换交易保证金的必要性和可行性 ……… 200
第三节　国债充抵债券远期和利率互换交易保证金的实施方案 ………………… 206

结　论 ………………………………………………… 211

参考文献 ………………………………………………… 213

后　记 ………………………………………………… 226

第一章 国债担保品业务概述和我国担保品业务发展现状

国债担保品在国内市场已经经历了长期的实践，为国债担保品的进一步发展积累了丰富经验，奠定了坚实基础。本章主要研究国债担保品业务概况和我国担保品业务发展现状，分析国债担保品在宏观调控、证券市场中的应用情况，并重点介绍中央结算和中国结算的国债担保品管理业务。

第一节

国债担保品概述

一、担保品

（一）担保物权与担保品

担保物权是指为确保债权的实现，在债务人或第三人的物上设定的以直接取得或支配其交换价值为内容的权利。①

担保品是担保物权的标的，一般是指债务人或第三人为保证债权的实现而提供的特定的不动产、动产或财产性权利。在金融市场日益发达的今天，担保品的使用范围也日益广泛，抵押品、质押品等概念频频在各类业务中被使用，均包含对相关法律关系实现的履约担保这一含义。

（二）担保品用途

就本质而言，担保品是防范信用或交易风险、保障履约的一种手段，只要涉及信用或交易风险的活动均可运用担保品管理其

① 许德凤：《论担保物权的经济意义及我国破产法的缺失》，《清华法学》，2007年第3期。

风险。如在金融领域，回购、远期、期货、掉期、存款、贷款等金融活动均运用担保品管理所涉及的风险。

担保品对金融市场的重要贡献主要体现在两方面：

第一，降低了风险。这是担保品最根本的使命。通过担保品对风险敞口的覆盖，可以最大限度弥补守约方在对手方违约时的损失，有效防止守约方因对手方违约造成损失的可能，提高违约成本，降低违约发生概率，达到控制及管理风险的目的。

第二，提高了效率。因为有担保品作为有力保障，尤其是统一的合格担保品制度及完善的担保品管理体系的建立，可以使交易双方在安全保障的前提下，将交易重点更加集中于交易和产品本身，大大节省了谈判及交易环节，提高了交易效率。

基于此，担保品在金融市场，特别是信用交易中应用十分广泛。最近十年，尤其是在2008年金融危机之后，国内外的监管部门和市场机构都越来越重视担保品管理。在这样的背景下，加强和完善担保品管理已经成为了目前国际金融市场的主流趋势。

（三）担保品种类

依照担保物权标的的不同，可将担保品分为不动产担保品、动产担保品和权利担保品。不动产担保品，是以不动产为担保标的设立担保权，如房屋、土地、机器设备等。动产担保品是以动产为标的设立担保权，如商品、存货、半成品等。权利担保品，是指以权利为担保标的设立担保权，如应收账款、证券、继承权、知识产权等。

需要指出的是，证券在历史上存在权利凭证的形态，但在全球证券无纸化进程的大背景下，当今的证券绝大多数都已经以电子化形式托管于证券登记托管机构。①

① 吴方伟、陈光明、王慧明：《关于担保品管理的几个问题》，http：//www.chinabond.com.cn/Info/957248。

（四）担保品与交易保证金等相关概念的联系和区别

如前所述，担保品是指用于担保债权债务履行的财产和权利,[①] 是一个外延广泛的法律概念，其内涵源自“担保”这一基本法律概念。根据我国的相关法律规定，与担保相关或者衍生的概念也很多，容易引起理解的混乱和差异，在此对其中较为重要的几个概念进行分析和厘定。

1. 担保品与抵押品、质押品等的区别和联系

根据《中华人民共和国物权法》和《中华人民共和国担保法》的相关规定，物权是指权利人依法对特定的物享有直接支配和排他的权利，包括所有权、用益物权和担保物权。其中，担保物权是指双方当事人设立的、在债务人不履行到期债务或者发生双方约定的情形时，债权人依法享有就担保财产优先受偿的权利（法律另有规定的除外）。担保物权又可细分为抵押权、质权、留置权、定金等种类。抵押权是针对不动产设置的担保物权；质权是针对动产和权利设置的担保物权，分为动产质权和权利质权；留置权是针对特定占有物（保管合同、运输合同、加工承揽合同等的标的）的救济权利；定金最明显的特征是适用双倍返还原则。[②]

通过对上述相关法律概念的分析可以发现，严格来讲，我们通常所说的“担保品”、“抵押品”、“质押品”并不是同一概念，担保品的范围要宽于抵押品和质押品。抵押品和质押品分别对应于抵押权和质押权，前者主要是不动产，后者主要包括动产和权利。值得一提的是，在西方国家，抵押、质押往往同时使用“collateral”一词，一般不加区分，相关法律关系下的标的被统称

① 财产包括动产和不动产，法律规定权利作为物权客体的，依照其规定。

② 《中华人民共和国物权法》《中华人民共和国担保法》等相关条文。

为担保品“collateral”。目前，在实践或者研究领域，将担保品、抵押品、质押物等概念等同使用的时候，仅仅是想表明标的物的担保品属性，而不对它具体是属于抵押还是质押进行严格界定，见图 1 - 1。①

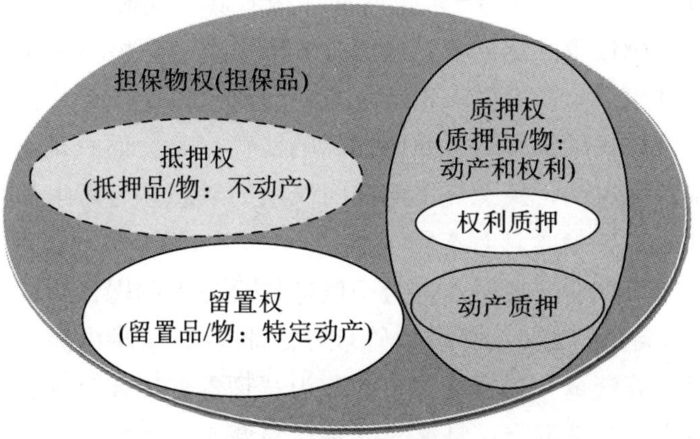

图 1 - 1　担保相关概念关系

2. 担保品与衍生品交易保证金的区别和联系

另外一个容易与担保品混淆和偏差的概念是“保证金”。交易保证金是特定使用于金融市场的一个特殊概念，是指在证券衍生品交易中，投资者按照其交易标的一定比例缴纳的资金，用于结算和履约的保证。② 保证金制度是衍生品交易的重要内容和特征，也是衍生品交易安全进行的基本保障。衍生品交易保证金的概念有自身的特殊性，与日常民事生活中所谓的“定金”、“押金”、“订金”等有着显著区别。一般商品交易中，具有担保性质的“定金”、“押金”主要是指为了保证履行某种义务而交纳的一

① 《关于担保品管理的几个问题》，载于 http：//www. chinabond. com. cn/Info/957248，2014 年 4 月 23 日访问。

② 中国期货业协会：《期货市场教程》，北京：中国财政经济出版社 2009 年版，第 87 页。

定数量的金钱。而保证金除了担保履约的功能之外，还承担着结算、风险管理等重要的职能，贯穿整个衍生品交易全程。目前，我国法律对于保证金并没有明确界定，在《最高人民法院关于适用〈中华人民共和国担保法〉若干问题的解释》（以下简称《担保法解释》）第118条中提及“保证金”一词：“当事人交付留置金、担保金、保证金、订约金、押金或者定金等，但没有约定定金性质的，当事人主张定金权利的，人民法院不予支持。”① 这里提到的保证金不是有明确内涵的法律概念，而只是对现实交易的描述和反映，是交易主体之间惯用的概念。与衍生品交易中“保证金”的概念具有本质区别。

衍生品交易保证金与一般证券交易中的保证金内涵也有所不同。《客户交易结算资金管理办法》第37条②中提及的“证券交易结算资金”通常被投资者称为“证券保证金”。该条规定：“证券交易结算资金，是客户交易结算资金、证券公司自营资金、其他用于证券交易资金的统称。”它是证券投资者购买股票应付款项的全部或部分，属于预付款，是买方向卖方支付，且只有买方向卖方支付。而衍生品交易的保证金作为每日结算的基础，目的在于弥补交易亏损，以保证履约的能力，买卖双方都必须交纳。

从上述描述可以看出，交易保证金的本质是用于完成并担保交易履行的资金。但是，随着衍生品交易不断发展，市场对交易效率的要求日益提高。为了降低投资者交易成本，提高资金使用效率，市场普遍接受国债等价值稳定、流动性强的有价证券作为交易保证金的部分替代，在保证履约安全的同时，实现对资金最大化、最高效的使用。因此，国债等有价证券充抵交易保证金的

① 《最高人民法院关于适用〈中华人民共和国担保法〉若干问题的解释》，于2000年9月29日由最高人民法院审判委员会第1133次会议通过，现予公布，自2000年12月13日起施行。

② 证监发［2001］121号《关于执行〈客户交易结算资金管理办法〉若干意见的通知》。

过程，也是其发挥和保证金一样的担保法律功能的过程。国债等有价证券也就成了担保品种群中的一份子。从这个意义上来讲，交易保证金是担保的一种形式，只不过这个标的具有不同于一般物的特殊性，既不是动产、不动产，也不是权利，而是资金。也是从这个角度讲，交易保证金是从属于担保的一个子概念，见图1-2。

图1-2　交易保证金和担保品的关系

二、担保品业务风险分析

（一）担保品业务本身可能存在的风险点

虽然担保品的宗旨是防范及管理风险，但作为一项金融业务，担保品本身同样不可避免的存在着风险。

1. 流动性风险

当交易活动出现违约行为时，担保权人通过将担保品出售获得的收益弥补交易活动所产生的损失，因此，担保品是否易于出售、是否能够以合理的价格出售成为担保权人的风险。为了规避此类风险，一般在指定可接纳为担保品的资产时需要考虑以下因素：该资产的市值易于确定，或可被合理的鉴定及核实；该资产具有容易销售的条件，并且已有现存的二级市场等。

2. 价值波动风险

金融担保品本身作为一项金融资产，其价值也会随着未来收益的不确定性而波动。当担保品价格下跌时，担保品实际价值可能将低于交易活动所需担保的总价值，无法足额覆盖风险敞口，从而给担保权人带来损失。

3. 担保品本身的违约风险

当债券、票据等作为担保品时，担保权人可能面临该债券或票据的发行人无法偿还本金及利息的风险。一般来讲，担保权人在接受一项担保品时，通常会根据该担保品的信用等级给出一定的折扣率，信用级别越高的担保品其折扣率越低。

（二）各类担保品风险比较

选取常见的房屋、设备、存货、应收账款、有价证券、现金等担保品，针对上述三项风险进行比较可知：房屋、设备、存货虽无违约风险，但其流动性风险较高；而作为金融活动中最常使用的有价证券，其流动性好，但存在价值波动和违约风险；现金虽然对担保权人而言各方面风险均较低，但对担保方而言，资金占用成本较高，且很多业务的标的本身即为现金，若以现金作为担保品则失去了担保意义（见表1－1）。

表1－1　各类担保品风险比较

担保品	流动性风险	价值波动风险	违约风险
房屋	高	低	无
设备	高	中	无

续表

担保品	流动性风险	价值波动风险	违约风险
存货	中	中	无
应收账款	较低	较高	有
有价证券	低	较高	有
现金	低	低	无

资料来源：中央国债登记结算公司。

（三）控制担保品风险的途径

管理防范担保品本身风险的根本途径有两条：一是寻找优质担保品；二是建立有效的担保品管理体系。

1. 优质担保品

在权衡各类担保品风险利弊的基础上，可以总结出优质担保品的条件：一是具有较高的流动性，即担保品以合理价格迅速变现的能力要强；二是价值稳定，即担保品不会随着市场环境变化出现大幅的价格波动，一旦出现违约，担保品处置后实现的收益可以弥补损失，不会由于担保品价值的缩减影响违约的后续处置；三是价值易于确定或具有公允的市场价格；四是违约风险较小，作为债券而言，即其发行人具有较高的信用等级；五是成本较低，担保品成本分为出质人的占用成本和质权人的管理成本，占用成本较高，出质人将不愿使用该担保品，而管理成本较高则会让质权人的担保品管理得不偿失。

2. 担保品管理体系

建立完善的担保品管理体系，以实现对担保品价值变化的及时监控，对价值不足的担保品进行追加，对质量降低的担保品进行替换，同时可实现对于违约后担保品的处理等。高效安全的担保品管理系统是管理担保品风险的有力保障。[①]

三、国债是最理想的担保品

针对国债作为担保品的风险属性进行分析，可以发现国债具备优质担保品的全部要素。

（一）违约风险极低

国债是国家以其信用为基础，由中央政府通过向社会筹集资金所形成的债权债务关系，是中央政府向投资者出具的、承诺在一定时期支付利息和到期偿还本金的债券债务凭证。由于发债主体是国家，因此具有最高的信用等级，违约风险极低，故国债利率也被作为无风险的基准利率。

（二）流动性好

从国内外经验来看，国债在二级市场的交易非常活跃，结算量较大，流动性风险很低。

（三）价值稳定

因为违约风险低、具有稳定的现金流收益，流动性好，因此，国债的市场价值普遍稳定。即使在金融危机发生时，投资者因避险需要，更倾向于将资金投向国债，因此，国债价格很难出现大起大落的现象，价值波动较为平缓。

---

① 吴方伟、陈光明、王慧明：《关于担保品的几个问题》，http：//www.chinabond.com.cn/d2s/index.html。

（四）价值易发现

因为流动性好，市场上普遍存在大量优质的国债价格信息，可以为价值发现提供良好的信息源；另一方面，国债收益率曲线是其他有价证券估值的基准，市场上必然存在为多数投资者认可的国债收益率曲线，可为公允价值的确定提供估值数据，使得国债价格的发现较其他证券更加方便与准确。

（五）成本极低

一方面，国债风险低、价值稳定，很多投资者对于国债有配置型需求，将这些长期持有的国债作为担保品并不会增加出质人的负担；另一方面，目前全球范围内的国债大多实现了无纸化，均于证券托管机构托管，且后者大多能够提供专业的担保品管理服务。因此，对于质权方而言，管理成本也非常低廉。

四、国债作为担保品的意义

（一）有效控制风险

国债违约风险极低、流动性好、价值稳定，满足优质担保品的全部条件，因此，用国债作为担保品可以较好地覆盖质权方的风险敞口，有效控制违约风险。

（二）盘活存量国债

大多数投资者对国债有配置型需求，投资的国债有较大部分为持有到期，造成市场上大量国债沉积，若能运用这部分国债作为担保品，则可以盘活存量资产，提高资产利用效率。

（三）降低资金成本

若运用现金作为担保品，虽然其流动性好、价值稳定且不存在违约风险，但其将增加出质方的资金占用成本。而国债因为其安全性较高，被市场普遍认为是“准现金”。因此，以国债充抵保证金在不损失安全性的同时，可以大大降低资金占用成本。

第二节 国债担保品在宏观调控中的应用

国债作为担保品已在国内宏观调控部门实施宏观调控中得到广泛应用，如人民银行公开市场操作、大额支付系统自动质押融资、小额支付系统质押额度管理、常备借贷便利，财政部国库现金管理等。

一、公开市场操作

（一）业务背景

公开市场操作是中央银行吞吐基础货币、调节市场流动性的主要货币政策工具，通过中央银行与市场交易对手进行有价证券和外汇交易，实现货币政策调控目标。我国公开市场操作包括人民币操作和外汇操作两部分。外汇公开市场操作 1994 年 3 月启动；人民币公开市场操作 1998 年 5 月 26 日恢复交易，规模逐步扩大。1999 年以来，公开市场操作发展较快，目前已成为中国人民银行货币政策日常操作的主要工具之一，对于调节银行体系流动性水平、引导货币市场利率走势、促进货币供应量合理增长发挥了积极的作用。①

（二）业务运作及担保品管理

从交易品种看，中国人民银行公开市场业务债券交易主要包括回购交易、现券交易和发行中央银行票据。

回购交易采用质押式回购形式，分为正回购和逆回购两种。正回购为中国人民银行向一级交易商出押有价证券，并约定在未来特定日期还款解押有价证券的交易行为；正回购为央行从市场收回流动性；正回购到期则为央行向市场投放流动性。逆回购为中国人民银行接受一级交易商质押有价证券，并约定在未来特定日期将有价证券解押的交易行为；逆回购为央行向市场上投放流动性；逆回购到期则为央行从市场收回流动性。

现券交易分为现券买断和现券卖断两种。前者为央行直接从二级市场买入债券，一次性投放基础货币；后者为央行直接卖出持有债券，一次性回笼基础货币。

中央银行票据即中国人民银行发行的短期债券，央行通过发行央行票据可以回笼基础货币，央行票据到期则体现为投放基础货币。

其中，涉及担保品管理的主要是回购交易。在回购交易中，正回购方（央行或央行对手方）需提供一定的债券作为担保。目前，可在回购交易中用作质押券的债券包括国债、央票和政策性银行债。

① 沈炳熙、曹媛媛：《中国债券市场30年：改革和发展》，北京：北京大学出版社2002年版。

二、大额支付系统自动质押融资

（一）业务背景和相关规定

银行业金融机构日间流动性不足时，通常采用从上级行调拨资金、同业拆借或向人民银行申请临时贷款等方式解决，融资效率相对较低，对支付系统清算效率造成一定的影响。为避免流动性不足，银行业金融机构需要在中央银行存放大量的超额准备金，相应增加其资金运用的成本，也减少了社会可用资金量，影响了资金的使用效率。在此背景下，中国人民银行启用了自动质押融资机制。

《中国人民银行自动质押融资业务管理暂行办法》（简称《自动质押融资暂行办法》）规定：自动质押融资，是指成员行日间头寸不足时通过自动质押融资系统向人民银行质押债券融入资金弥补头寸，待资金归还后自动解押质押债券的行为。自动质押融资业务的应用系统依托于中国现代化支付系统、中国人民银行公开市场业务系统、中央银行会计集中核算系统和中央国债登记结算有限责任公司簿记系统，来实现债券自动质押、融资、还款、解押等功能。自动质押融资在金融机构清算账户资金不足清算时方可使用。①

大额支付系统自动质押融资业务增强了支付系统的流动性，有利于提高支付系统的清算效率，防范流动性风险；扩大了银行业金融机构实时支付能力，方便客户证券交易，客观上促进了资本市场发展。同时，银行业金融机构不必保留大量的超额储备，可以方便其灵活运用资金，有利于降低资金运营成本。自动质押

① 《中国人民银行自动质押融资业务管理暂行办法》，中国人民银行公告［2005］第25号。

融资机制的启用，超额准备金的降低，还可以增加社会可用资金，有利于畅通货币政策传导机制，提高货币政策实施的效果。

（二）业务运作模式

为便于银行业金融机构的操作和管理，自动质押融资系统提供自动触发和人工触发两种处理模式。自动触发模式是指清算账户缺款时由系统自动发起融资指令，启动质押融资机制；人工触发模式是指商业银行清算账户不足支付时，通过债券系统客户端人工发起融资指令，启动质押融资机制。

1. 自动触发模式

当某结算成员清算账户不足支付时，支付系统自动发送融资需要指令至债券系统；债券系统检查该成员的融资资格及债券余额，检查通过后对其债券进行质押，并发送融资支付指令至支付系统；支付系统进行融资转账并通知该成员和中国人民银行营业管理部。

假设中国工商银行北京市分行（简称“工行北京分行”）具备办理自动质押融资业务的条件，采用自动发起模式进行质押融资，其处理流程图示如图 1－3。

2. 人工触发模式

某结算成员清算账户不足支付时，通过债券系统发起融资申请指令至支付系统；支付系统检查该成员清算账户缺款后发送融资需要指令债券系统；债券系统检查成员的债券余额，检查通过后对其债券进行质押，并发送融资支付指令至支付系统；支付系统进行融资转账并通知该成员和中国人民银行营业管理部。如果工行北京分行采用人工发起模式进行质押融资，其处理流程图示如图 1－4。

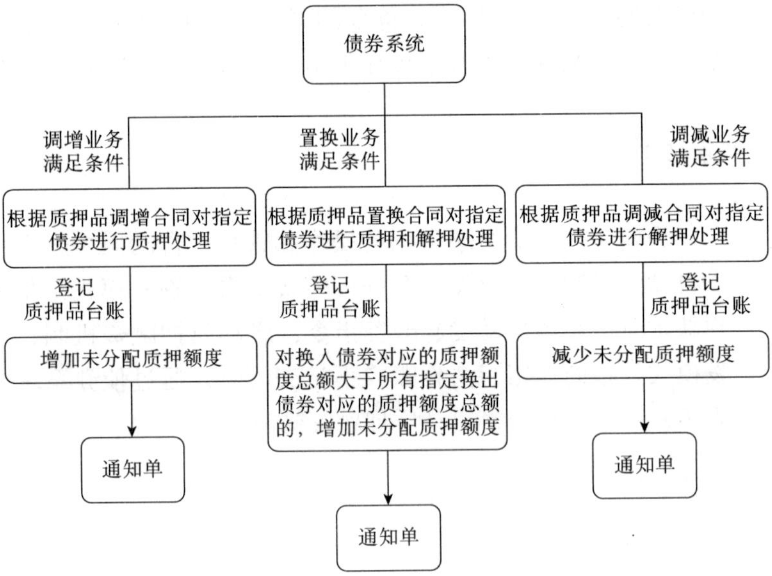

图 1－3　自动发起质押融资流程

注：根据中央国债登记结算公司相关业务规则绘制。

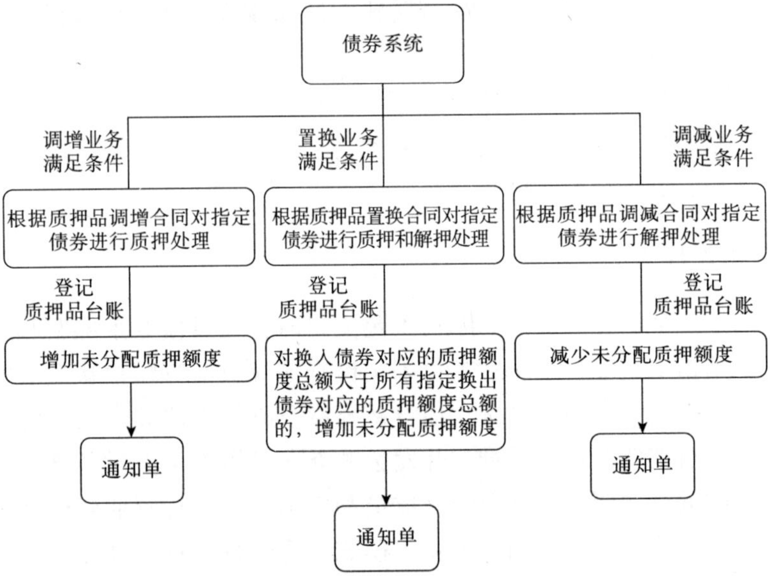

图 1－4　人工发起质押融资流程

注：根据中央国债登记结算公司的相关业务规则绘制。

3. 还款解押

债券系统在央行规定的扣款时点计算借款成员融资本息后，发送还款指令至支付系统；支付系统对该成员清算账户扣款后，发送回执至债券系统，并将扣款转账通知发送成员行和中国人民银行营业管理部；债券系统对相应的债券进行解押。如果工行北京分行进行还款解押，其处理流程见图 1－5。

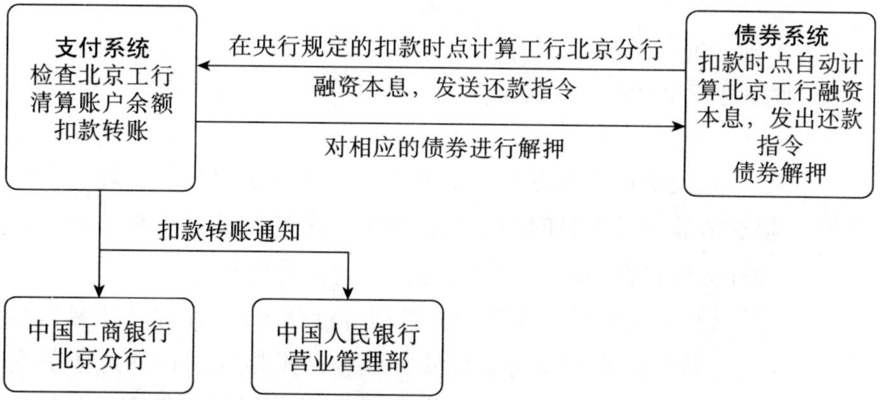

图 1－5 还款解押流程

注：根据中央国债登记结算公司的相关业务规则绘制。

（三）担保品应用及管理

《自动质押融资暂行办法》定义的质押债券，是指已由政府、中央银行、政策性银行等部门和单位发行，在中央国债登记结算有限责任公司（简称“中央结算公司”）托管的政府债券、中央银行债券、政策性金融债券以及经人民银行认可、可用于质押的其他有价证券。根据《自动质押融资暂行办法》，人民银行可根据金融宏观调控需要，对质押债券进行各种设定，包括：成员自动质押融资的额度、债券质押率、单笔自动质押融资资金的最低金额、自动质押融资业务的还款时点、利率。为防范市场风险，人民银行根据各类债券的信用度和市场价值等因素确定其债券质押率，即通过自动质押融资融入的资金与质押债券面额的比率，原则上各类债券的质押率最高不超过90%。目前，大额支付系统自动质押融资业务所涉及的质押券均通过中央结算公司质押券管理系统进行集中统一管理。①

三、小额支付系统质押额度管理

（一）业务背景和相关规定

人民银行小额支付系统的业务处理机制是批量、轧差、净额提交清算，并在日间向参与者提供一定的流动性管理手段，旨在向社会提供低成本、大业务量的支付清算服务。

《小额支付系统质押业务管理暂行办法》（简称《小额暂行办法》）规定：小额支付系统质押业务，是指成员行通过小额支付系统质押业务系统向人民银行质押债券获得质押额度，并将该质押额度用作净借记限额分配给本身及其所属分支机构，用于小额轧差净额资金清算担保的行为。小额支付系统质押业务系统依托于支付系统和债券系统，实现质押品的质押、解押、置换、质押额度分配和收回的功能。②

（二）业务运作模式

成员行通过质押业务系统向人民银行质押债券获得质押额

① 《中国人民银行自动质押融资业务管理暂行办法》，中国人民银行公告［2005］第25号。

② 《中国人民银行关于印发〈小额支付系统质押业务管理暂行办法〉和〈小额支付系统质押业务主协议〉的通知》（银办法［2006］24号）。

度，即将一定数量的备选质押品在债券系统进行质押登记获得小额轧差净额资金清算担保额度，并将该质押额度用作净借记限额分配给本身及其所辖分支机构，用于向人民银行提供小额支付系统轧差净额资金清算的担保。

人民银行授权中央结算公司通过质押业务系统为成员行办理小额支付系统质押业务，通过质押业务系统办理的质押品调增、调减、置换、质押额度分配和收回的记录作为小额支付系统质押业务的证明依据。

当成员行未能及时完成小额轧差净额资金清算或发生信用风险时，该成员行的质押额度即用于担保人民银行为其在支付系统中所形成的债权。当成员行未在已质押债券的截止过户日（含）前解除债券质押状态的，中央结算公司将对超期未解押债券的兑付资金作提存处理，并及时向人民银行报告。成员行债券兑付资金被中央结算公司提存的，可向人民银行提出兑付资金解除提存申请，人民银行审核同意后，通知中央结算公司在满足相关业务约束条件的前提下及时将已提存的债券兑付资金汇划给成员行，并向人民银行报告处理情况。

（三）担保品应用及管理

《小额暂行办法》规定，备选质押品，是指经人民银行指定、成员行在中央结算公司托管的可用于办理小额支付系统质押业务的债券或其他有价证券，主要包括国债、中央银行票据、政策性金融债。小额支付系统质押业务包括质押品管理业务和质押额度管理业务。

质押品管理业务指成员行通过质押业务系统办理质押品的调增、调减及置换处理。质押品调增是指成员行通过质押业务系统，将备选质押品向人民银行进行质押，取得质押额度以满足其本身及其所属分支机构在支付系统中办理小额支付业务的需要。质押品调减是指成员行通过质押业务系统，将已质押债券进行解押处理并相应减少质押额度。质押品置换是指成员行通过质押业务系统，将已质押债券进行解押处理，同步对新的备选质押品进行质押处理，并相应调整质押额度。中央结算公司设置质押品台账，对成员行质押品质押、解押、置换情况进行登记。系统处理流程如图1-6。

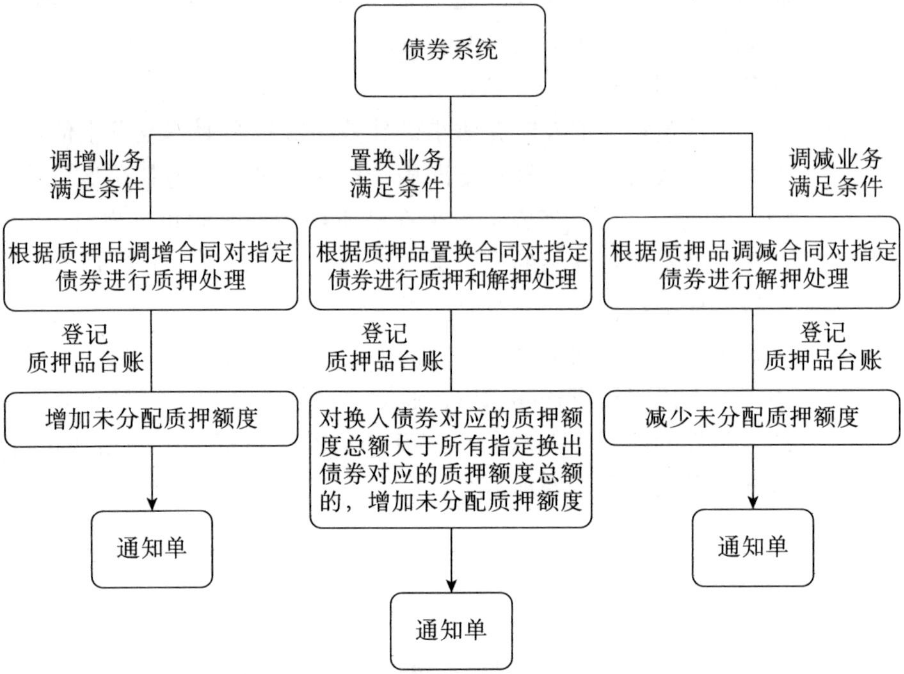

图1-6　质押品管理台账

注：根据中央国债登记结算公司的相关业务规则绘制。

质押债券在质押期间被冻结在成员行自身债券账户中，质押债券的应计利息归提供质押债券的成员行所有。人民银行负责确定备选质押品种类、债券质押率、债券质押最低限额、质押品最短待偿期等业务参数并定期公告。

四、国库现金管理

（一）业务背景和相关规定

《中央国库现金管理暂行办法》规定：中央国库现金管理，是指在确保中央财政国库支付需要前提下，以实现国库现金余额最小化和投资收益最大化为目标的一系列财政管理活动。

国库现金管理的操作方式包括商业银行定期存款、买回国债、国债回购和逆回购等。在国库现金管理初期，主要实施商业银行定期存款和买回国债两种操作方式，运用国债作为担保品的，主要是商业银行定期存款。①

商业银行定期存款，是指将国库现金存放在商业银行，商业银行以国债为质押获得存款并向财政部支付利息的交易行为，存款期限一般在1年（含1年）以内。

（二）业务运作模式

国库现金管理定期存款操作通过中国人民银行“中央国库现金管理商业银行定期存款业务系统”，面向国债承销团和公开市场业务一级交易商中的商业银行总行公开招标进行。每期商业银行定期存款招标前，财政部依据月度例会拟定的计划，经与中国人民银行协商后签发操作指令。操作指令包括招标方式、招标时间、招标金额、存款期限等要素。中国人民银行于招标日的3个工作日前，按照财政部操作指令以“中央国库现金管理操作室”名义向社会发布招标信息。商业银行定期存款招标结束当日，中

① 《财政部、中国人民银行关于印发〈中央国库现金管理暂行办法〉的通知》，财库［2006］37号。

国人民银行以“中央国库现金管理操作室”名义向社会公布经财政部、中国人民银行确认的招标结果，包括总投标金额、中标利率、实际存款额等。财政部依据国库现金定期存款招标结果，向中国人民银行开具凭证作为划款指令。中国人民银行在足额冻结国库现金管理存款银行（简称“存款银行”）用于质押的国债后，根据划款指令向存款银行划拨资金。中国人民银行向存款银行划拨资金后，负责向财政部提供记录存款银行名称、存款金额、利率以及期限等要素的存款证明。

存款银行在接受国库存款时，必须以可流通国债现券作为质押。国库现金商业银行定期存款到期后，存款银行应按照约定将存款本息划入中央总金库，款项入库时，存款证明自动失效；同时，存款银行质押的国债相应解冻。存款银行未将到期定期存款本息足额划入中央总金库的，中国人民银行在催缴差额本息款项的同时，对存款银行收取罚息。除法律法规另有规定外，任何单位不得扣划、冻结国库现金商业银行定期存款。①

（三）担保品应用及管理

为保证中央国库现金安全，存款银行在接受国库存款时，必须以可流通国债现券作为质押，质押国债的面值数额为存款金额的120%。财政部会同人民银行可根据债券市场的变化情况调整质押比例。在国库现金商业银行定期存款期限内，人民银行定期监测存款银行质押国债的市值变化，督促存款银行确保质押足额。目前，国库现金管理的担保品均由中央结算公司通过其系统进行管理。2013年，国库现金管理业务量4 300亿元，质押券面

① 《财政部、中国人民银行关于印发〈中央国库现金管理暂行办法〉的通知》，财库［2006］37号。

额5 160亿元。①

五、常备借贷便利

（一）业务背景

人民银行于2013年初创设了常备借贷便利（Standing Lending Facility，SLF）。常备借贷便利是人民银行以债券质押方式向金融机构提供短期流动性支持的工具，是中央银行流动性供给方式的创新，主要功能是满足金融机构期限较长的大额流动性需求。②

（二）业务运作模式

常备借贷便利的业务运作流程为：借款金融机构向人民银行提交常备借贷便利申请，由人民银行进行集中审批，遵守差别准备金动态调整政策，确定常备借贷便利的金额、期限、利率、付息方式和担保品清单。对于审批通过的申请，则签订常备借贷便利质押合同，并通知中央结算公司办理债券质押，质押成功后办理资金划拨和相关会计手续。借款金融机构按合同约定，按时足额归还本金和利息后，人民银行通知中央结算公司解押担保品。

（三）担保品应用及管理

常备借贷便利全部以质押方式操作，人民银行接受的合格担

---

① 《财政部、中国人民银行关于印发〈中央国库现金管理暂行办法〉的通知》，财库［2006］37号。

② http：//finance. sina. com. cn/china/jrxw/20131106/120617239288. shtml，2014年5月2日访问。

保品包括证券资产、信贷资产和人民银行认可的其他合格担保品。合格的证券资产担保品指在中央结算公司、上海清算所托管的以人民币计价的债券，但不包括借款金融机构及其关联机构发行的债券，包括：记账式国债、中央银行票据、国家开发银行及政策性金融债、中央政府代发的地方政府债、同业存单、主体信用评级和债券信用评级均为AAA的企业债券和中期票据、主体信用评级为AAA，债项评级为A－1的短期融资券和超短期融资券等。合格的信贷资产担保品指金融机构对非金融企业和自然人的正常类贷款，但不包括金融机构向管理人员、大股东等内部人以及关联机构发放的贷款。人民银行对担保品设置不同的质押率以确定担保品的评估价值。

担保品通过中央结算公司系统进行管理，且根据需要启动担保品调整机制以控制市场风险。当金融机构提交的担保品由于盯市结果变化导致评估价值低于常备借贷便利本息余额一定水平时，人民银行将通知金融机构追加担保品，中央结算公司冻结相应额度的担保品。若金融机构未响应追加担保品，则视为违约，人民银行可按照协议处置担保品。在再贷款存续期间，人民银行不定期核实担保品状况，并按照需要要求金融机构调整抵押品。①

因金融机构违约而持有的抵押品，由人民银行总行对处置方案作出决定，选择适当的时间和方式处置担保品，处置收益用于偿还再贷款本息。2013年，全年常备借贷便利业务使用债券担保品共计24 886.46亿元。②

① 中央结算公司相关业务规则。

② 数据来源：中央结算公司。

第三节
国债担保品在证券市场中的应用

一、交易所市场质押式回购

交易所市场的债券质押式回购适用《上海证券交易所债券交易实施细则》或《深圳证券交易所债券交易实施细则》。两份文件中均对交易所市场的质押式回购给出了定义：债券质押式回购交易，是指债券持有人在将债券质押并将相应债券以标准券折算率计算出的标准券数量为融资额度向交易对手方进行质押融资的同时，交易双方约定在回购期满后返还资金和解除质押的交易。其中，质押债券取得资金的交易参与人为融资方；其对手方为融券方。标准券，是指可用于回购质押的债券品种按标准券折算率折算形成的、可用于融资的额度。标准券折算率，是指各债券现券品种所能折成的标准券金额与债券面值之比。①

具体而言，当债券持有人需要在交易所市场通过质押式回购进行融资时，首先需按照《上海证券交易所债券交易实施细则》第十条或《深圳证券交易所债券交易实施细则》第二十三条的要求将其持有的符合交易所要求的债券品种存于质押账户质押。目前，可用于质押的债券品种包括国债和企业债。之后，系统将根据折算比率将质押的债券折算为“标准券”，并以标准券的数量限定其融资额度。标准券折算率的计算公式为：标准券折算率＝上期平均价×（1－波动率）×折扣系数÷面值。

① 《上海证券交易所债券交易实施细则》或《深圳证券交易所债券交易实施细则》，载 http：//www. sse. com. cn/和 http：//www. szse. cn/。

其中，“上期”是指该债券当日之前有发生交易所交易的最近5个交易日；“上期平均价”是该债券上期各交易日的加权平均成交价（净价）加上一单位该债券在适用日的应计利息。其中，国债的折扣系数为97%，其他债券的折算系数根据评级、担保、信用风险等情况由中国证券登记结算有限责任公司（简称“中国结算公司”）确定并经交易所向市场公告，通常低于80%。之后融资方和融券方通过报价撮合达成交易，但单个融券方交易者并不对应质押库中任何特定的债券。

在回购期间，若融资方质押账户中折算出的标准券的数量低于其融资额度，则融资方应予以补足。若标准券有剩余，则可按照《上海证券交易所债券交易实施细则》第二十条或《深圳证券交易所债券交易实施细则》第二十七条，通过交易系统解除相应量债券的质押并用于交易。回购到期后，融资方向融券方返还资金并支付交易达成时约定的利息，之后可以将相应标准券继续用于债券回购，也可以解除相应债券的质押并用于交易。2013年，交易所市场质押式回购交易量为63万亿元，其中国债质押式回购的交易量达到58万亿元，占92%。[①]

二、银行间市场质押式回购

根据《中国银行间市场债券回购交易主协议（2013年版）》，质押式回购指一方（“正回购方”）在将一定数量的债券出质给另一方（“逆回购方”）、逆回购方在首期结算日向正回购方支付首期资金结算额的同时，交易双方约定在将来某一日期（即到期结算日）由正回购方向逆回购方支付到期资金结算额，同时逆回购方解除在出质的债券上设定的质权的交易。

银行间市场的交易双方经协商，对回购交易的期限和价格

① 数据来源：上海证券交易所网站。

（利率）以及用于质押的债券品种和数量达成一致后，发送交易指令达成回购交易。在首期交割日，正回购方用于质押的债券被从其债券账户中的可用科目移至质押式回购待购回科目中，资金从逆回购方转至正回购方。到期结算日正回购方将相应资金支付给逆回购方，用于质押的债券由质押式回购待购回科目回到可用科目。质押式回购期间，用于质押的债券不能用于交易、转让、质押。但经借贷双方的协商，可以对质押债券进行券种的置换及数额的增减调整。质押券的管理均通过中央结算公司质押券管理服务系统进行。

目前，相对于其他券种而言，国债在质押式回购中所占比重最大。以 2013 年的数据为例，全年质押式回购结算量共计约 153 万亿元，其中国债质押式回购结算量 58.75 亿元，占比超过 1/3。①

三、债券借贷

根据中国人民银行制定的《全国银行间债券市场债券借贷业务管理暂行规定》，债券借贷是指债券融入方以一定数量的债券为质物，从债券融出方借入标的债券，同时约定在未来某一日期归还所借入标的债券，并由债券融出方返还相应质物的债券融通行为。债券借贷的期限由借贷双方协商确定，但最长不得超过 365 天。债券借贷期间，如果发生标的债券付息，债券融入方应及时向债券融出方返还标的债券利息。债券借贷应以标的债券进行交割，但到期时，经借贷双方协商一致后也可以现金交割。债券借贷的融入方应向融出方支付债券借贷费用，费用标准由借贷双方协商确定。

进行债券借贷时，债券融入方需要将足额的债券质押给债券

① 数据来源：中央结算公司。

融出方。在债券借贷首期合同结算时，将用于质押的债券从融入方的可用科目移至质押科目，再将标的券从融出方过户到融入方；在进行债券借贷到期结算时，先过户标的券，再解押质押债券。与质押式回购相同，债券借贷期间，质押券不能交易、质押，但经双方的协商，可以对质押券进行置换与调整。质押券的管理均通过中央结算公司质押券管理服务系统进行。①

债券借贷业务近年来增长明显，2013 年，借入债券 616.84 亿元，质押券 444.29 亿元，质押券以国债为主。②

另外，证券市场上非常重要的国债预发行制度和证券融资融券及转融通业务中也广泛涉及保证金和担保品的管理问题，也是本文研究的主要内容，故相关业务概况不在此节赘述，将在后续相关章节进行详细介绍和分析。

第四节

中央结算公司提供的担保品管理服务

一、相关背景

担保品管理一直是国际金融市场关注的重点问题。近年来，尤其是 2008 年金融危机爆发以来，在全面防控风险的大环境下，各国监管机构和投资者对于担保品管理的重视程度空前加强。监管机构甚至为此专门推出了一系列的监管新规，包括美国金融改革法案、欧洲市场基础设施监管规则、巴塞尔 III 新资本协议等，

① 《全国银行间债券市场债券借贷业务管理暂行规定》，中国人民银行 2006 年第 15 号公告。

② 相关数据来源于中央国债登记结算公司。

以求通过更加严格的担保品管理要求防范预控金融风险。一方面，金融监管改革大幅增加了市场对于作为合格担保品的优质资产的需求；另一方面，金融危机和欧洲主权债务危机使优质债券的供应大幅减少。因此，欧美市场在2012年爆发了所谓的“担保品危机”，即市场对担保品依赖加强与合格担保品减少之间的矛盾，使金融担保品供不应求，这也从另一侧面反映出危机后时代担保品管理对于全球金融稳定的重大影响。

在国内，《商业银行资本管理办法》（银监会2012一号令）规定商业银行必须建立相应的抵质押品管理体系；中国人民银行授权银行间市场交易商协会发布的《中国银行间市场债券回购交易主协议（2013年版）》，也对担保品管理提出了明确要求；人民银行也在其发布的《中国支付体系发展报告（2008）》中明确表示，我国应积极借鉴国际先进经验，逐步构建担保品管理机制，为市场提供更安全、高效和低成本的担保品管理服务，乃至可以正式建立一个自动化、标准化的担保品管理系统，为市场提供担保品管理专业增值服务。同时，随着市场的发展，越来越多的投资者开始重视担保品管理，对其提出了更精细化的要求，形成了诸多客观需求。

在这样的背景下，市场迫切需要一个集中、统一、安全、高效的质押券管理服务。中央结算公司作为债券市场的基础设施提供者，承担了绝大部分债券的登记托管职责，中国人民银行《银行间债券市场债券登记托管结算管理办法》又赋予了其“提供债券等质押物的管理服务”的职能，中央结算公司的中债估值也得到了广泛运用，因此，其具备担保品管理的天然条件。中央结算公司通过对系统原有的质押券管理功能进行集中整合、升级改造，构建了专门的担保品管理服务系统。目前，系统管理着3000余家机构投资者的2万多亿元担保品余额。①

① 《银行间债券市场债券登记托管结算管理办法》，中国人民银行令［2009］第1号。

二、担保品管理系统功能

中央结算公司担保品管理系统可实现自动化的质押券选择、计算、质押、解押、盯市、替换、调整等功能，能够支持质押式回购、买断式回购、远期交易、债券借贷、国库现金管理、大额支付系统自动质押融资、小额支付系统质押额度管理、商业银行协议存款等多种业务中的质押券管理。系统主要功能及特点如下：

（一）参数化管理

中央结算公司担保品管理系统对系统关键要素实行参数化管理，可根据质权方要求，设置、维护、修改各类参数。目前，系统的主要参数包括：

1. 质押券范围

质押券范围是指质权方可接受的质押债券范围，包括债券性质范围、待偿期范围和债券信级范围。

2. 质押券价值计算基础值

核算质押券担保价值所用的基数，有估值、面额、发行价格、本金值四种可选。

3. 质押率

质押率指风险敞口金额与覆盖该风险敞口所需质押券价值的比例，即计算质押券价值时的折扣率。可按债券性质、待偿期、债券信级分别设定质押率，具体某只债券的总质押率为上述三项质押率的乘积。

4. 质押顺序

质押顺序指在质权方办理中央质押类业务时选取质押债券的先后排序，可按债券性质、待偿期、债券信用评级分别设置。

5. 质押超额率

质押超额率是指质权方要求担保品价值超出风险敞口的比例。

6. 敞口差值临界比例

敞口差值临界比例是指质权方所能接受的担保品价值下降的最底限，当担保品价值低于临界比例时，系统将启动担保品自动增补。①

（二）自动化管理

质权方事先设定上述参数后，在办理具体业务时，交易双方无需再就担保品种类、面额、期限等细节问题进行谈判，只需确定风险敞口金额即可。担保品管理系统将根据系统参数实现自动化管理：在质押券范围内按照质押券顺序选择适用的担保品种类，根据风险敞口、质押券价值计算基础值、质押率、超额率等要素，自动计算所需担保品的价值，根据担保价值计算所需担保品面额，自动完成质押并反馈结果，质押期间可根据参数进行自动化的期间管理，质押结束时按照质权方调减风险敞口的指令自动释放担保品。通过全方位自动化处理，有效减少业务环节，缩短业务流程，提高了担保品管理效率。

① 中央国债登记结算公司相关业务规则。

（三）期间管理

在质押期间，担保品管理系统提供的期间管理主要包括盯市、调整、替换等。

1. 盯市

担保品应按市场公允价值计算才可反映真实的担保价值和风险敞口，即需要对担保品进行盯市。中央结算公司担保品管理服务系统提供逐日盯市业务，每日日初根据前一工作日的市场公允价值计算担保品价值并与风险敞口进行比较，并通过相关报表向质押双方反馈盯市结果。

2. 调整

根据盯市结果，若担保品价值已触及质权方设置的临界比例时，担保品管理系统将触发自动增补功能，从出质方质押券范围内按照质押顺序，自动计算质押担保品并反馈结果。质押双方若要发起人工调整，可通过调增调减风险敞口实现。

3. 替换

若在押的担保品临近到期兑付日，担保品管理系统将自动从出质方质押券范围内质押新的担保品，以替换原担保品；若出质方希望运用在押的担保品，或质权方不愿继续接受在押的担保品，双方亦可质押新担保品替换原担保品。①

（四）数据管理

质押双方可通过担保品管理系统掌握担保品业务最全面详实的

① 中央国债登记结算公司相关业务规则。

数据信息，实现集中整合的数据管理，包括：对手方汇总信息、风险敞口变动信息、在押担保品明细、担保品盯市结果，等等。

三、优势

中央结算公司在提供债券担保品服务方面具有如下优势：

（一）集中管理实现规模效应

中央结算公司作为债券市场的基础设施提供者，承担了绝大部分债券的登记托管职责。目前，托管于中央结算公司的债券已近26万亿元，占国内债券市场总量的近90%。同时，作为信用等级最高、最适宜充当担保品的国债、央行票据、地方政府债、政策性银行债托管量分别为83 164.65亿元、5 521.72亿元、8 616亿元、88 719.58亿元，总量达到18.6万亿元。可以说，中央结算公司集中了国内市场最优质的担保品，足以支撑体量巨大的金融业务。而投资者仅以托管于中央结算公司的债券作为担保品便可支持其业务运行，无需再整合多个平台的债券，且担保品管理亦可通过中央结算公司完成，一站式集中统一的管理可以实现担保品运作的规模效应。①

（二）多年实践具有成熟经验

中央结算公司多年来在质押式回购、买断式回购、远期交易、债券借贷、财政部国库现金管理、人民银行公开市场操作、大额支付系统自动质押融资、小额支付系统质押额度管理、商业银行协议存款等多种业务中的质押券管理方面，开展了长期实践

① 相关数据来源于中央国债登记结算公司。

工作，保障了相关业务安全运行，积累了丰富的经验。担保品管理系统正是在此基础上形成的，是对过去经验的总结、挖掘、提升和拓展。

（三）达到国际同业领先水平

近年来，全球各证券登记托管机构均加强了担保品管理系统的建设，如欧洲的欧清银行、明讯银行，美国的证券托管清算公司（Depository Trust Cleaning Corporation，DTCC）、JP摩根等，均建立了强大的担保品管理系统以满足市场日益增长的需求。与这些国际同业代表相比，中央结算公司担保品管理系统的功能与服务毫不逊色，甚至在某些方面走在了前面。

（四）系统运行管理高效安全

中央结算公司系统已经达到国家安全认证的最高等级，担保品管理系统作为中央结算公司综合业务系统的一个有机组成部分，其安全性无庸置疑。同时，系统通过诸多措施有效保障了质权方的权利，通过参数化管理可以满足质权方多样化、个性化的需求，且通过担保品自动化管理，有效减少业务环节，缩短业务流程，提高担保品管理效率。

（五）公允价值体现担保品真实价值

目前，担保品系统盯市所采用的依据为中央结算公司每日发布的中债估值。中债估值被财政部、中国人民银行、银监会、证监会、保监会等监管部门认可并指定为市场公允价值指标，也是经过市场长期实践验证，为市场成员普遍接受的公允价值。因此，担保品价值计算具有公允性、科学性、准确性。

第五节

中国结算公司提供的担保品管理服务

交易所上市证券作为担保品的运用十分广泛。从最初法人股质押登记业务，到交易所质押式回购交易、买断式回购交易，到融资融券交易，再到目前市场创新推出的质押式报价回购和约定式购回交易，都有上市证券充抵担保品的身影。中国证券登记结算有限责任公司（简称“中国结算公司”）在其中扮演着重要的角色。一方面，作为法定证券登记机构为市场提供证券质押登记服务；另一方面，作为共同对手方，管理结算参与人缴纳的各类担保品，譬如对于债券质押式回购交易中的质押券管理。

2012 年 8 月，为支持转融通业务开展，中国结算公司推出了担保品第三方管理服务。中国结算公司根据中国证券金融公司的委托，为其提供了转融通保证金管理服务，进一步提高了中国结算公司在担保品管理领域的服务能力与业务范围，积累了宝贵的业务经验。中国结算公司的担保品管理系统主要是为转融通业务中的债权债务双方（即担保品提供方与收取方）提供的担保品管理服务，具体包括担保品缴存、提取、替换、买卖、返还、盯市追缴、权益处理、违约处置、查询统计等。①

目前，中国结算公司担保品管理系统可接纳的担保品包括有价证券和现金。其中，有价证券已经涵盖了沪、深交易所上市的股票、债券、ETF 等产品。担保品管理系统设在中国结算公司北京总部，它与多个外部系统进行数据交互和信息处理：一是与担

① 中国证券登记结算公司相关业务规则。

保品提供方和收取方的业务系统进行交互，接收来自担保双方的业务指令和相关参数，并向担保双方提供处理结果和盯市数据等；二是与沪、深分公司的登记结算系统和资金划付系统进行交互，进行担保品的划转处理、清算处理和权益处理等；三是与沪、深交易所的交易系统进行交互，进行担保品的买卖和获取证券行情信息。

下一步，中国结算公司将利用已有技术系统和积累的业务经验，面向资本市场提供更具通用性和标准化的担保品第三方管理服务，致力于打造资本市场的担保品管理基础设施。

从目前来看，中国结算公司担保品管理系统功能主要包括担保品日常管理、权益处理、盯市追缴、违约处置和查询统计五个方面。

一、日常管理

担保品提供方可根据自身需要，进行担保品交存、提取、替换、买卖等，担保品收取方（证券金融公司）可通过中国结算公司的担保品管理系统对担保品操作进行审核、控制。对通过证券金融公司审核的交存、提取保证金申报指令，中国结算公司于交易日日间办理资金划转，于交易日日终办理证券划转。

此外，对通过证券金融公司审核的属于以资金替换出证券、以证券替换出资金和以证券替换出证券的担保品替换操作，也可通过中国结算公司担保品管理系统进行。

二、权益处理

中国结算公司提供权益处理服务，为担保品提供方行使相关证券权益提供支持，具体包括投票权、分红派息、配股权、优先认购权等。

（一）投票权

中国结算公司根据证券金融公司委托，代为征集证券公司的投票意愿，并将征集投票结果发送证券金融公司，由证券金融公司代为投票。

（二）分红派息

担保证券发生派发现金红利或利息的，中国结算公司将对应的资金记入担保资金账户。

（三）配股权

担保证券发生送股、转增股或派发权证的，中国结算公司将对应的证券计入担保证券账户。

（四）优先认购权

担保证券发生证券发行人向原股东配售股份，或者增发新股以及发行权证、可转债等证券时原股东有优先认购权的，中国结算公司在权益登记日，将对应配股权或优先认购权记入担保证券账户。①

三、盯市追缴

中国结算公司利用有价证券的最新交易价格或公允价值和对

① 中国结算公司相关业务规则。

应的折扣率计算担保品价值，为担保双方提供逐日盯市和日间盯市服务。

对于担保品总额不足的，中国结算公司负责及时向担保品提供方进行追缴，保障担保品价值有效覆盖其负债总额。

四、违约处置

一旦发生担保品提供方违约的情形，中国结算公司可以依照规则和协议，协助担保品收取方在两个工作日内对担保品进行快速变卖，并根据债权人委托将处置所得划入担保品收取方相关账户。

（一）快速变卖

证券金融公司根据规定处分违约证券公司的保证金，向证券交易所提交处分买入担保证券或处分卖出担保证券的交易申报的，中国结算公司根据成交结果办理与证券金融公司的清算交收。

（二）处置划转

证券金融公司根据规定处分违约证券公司保证金的，中国结算公司接收相关指令后，将资金及证券从担保账户划转至转融通账户。

证券金融公司有偿使用保证金、归还有偿使用保证金、支付有偿使用保证金费用和权益补偿的，中国结算公司接收相关指令后，办理对应资金及证券的划转。

五、查询统计

中国结算公司为担保双方提供查询统计和比例预警服务，便于担保双方及时掌握其担保品余额、价值变动和担保品是否足额等情况。中国结算公司为证券金融公司提供担保资金账户余额的交易日日间查询服务，并可为其提供担保证券账户和担保资金账户的余额及变动情况数据，次一交易日保证金清算应交收金额。中国结算公司比照现有结算备付金利息支付安排，相应维护担保资金明细账户的明细数据。①

第六节 相关结论与启示

通过对国债担保品及其在国内市场应用分析，可得出如下结论和启示。

一、国债是目前市场上最主要的担保品

担保品的根本宗旨是要防范和控制风险。但是，作为一种金融业务，担保品自身也面临流动性风险、违约风险、价值波动风险等诸多风险。防范担保品自身风险有两个根本途径：一是寻求优质担保品；二是建立完善的担保品管理体系。

优质担保品应该具备流动性好、违约风险低、价值稳定且易发现、使用成本低等条件，而国债是优质担保品中最理想的品

① 中国证券登记结算公司相关业务规则。

种。从国内市场的实践来看，国债作为担保品已经为市场各方所广泛认可，并已在诸多业务中开展了长期实践。目前，国债已经成为市场上最主要的担保品。

二、国债担保品应用具有丰富的经验，现有模式值得借鉴

国债担保品在国内市场已经经历了长期的实践。在财政部国库现金管理、人民银行公开市场操作、大额支付系统自动质押融资、小额支付系统质押额度管理、常备借贷便利等宏观调控中以及交易所市场标准券回购、融资融券、转融通、银行间市场质押式回购、债券借贷等业务中，国债担保品都发挥了重要作用，为国债担保品的进一步发展积累了丰富经验，奠定了坚实基础，现有的成功模式值得参考与借鉴。

三、担保品管理系统是强大保证，不可或缺

防范担保品自身风险的第二条途径是建立完善的担保品管理系统，这也是国内多年实践的重要经验之一。目前，市场上主要的证券登记托管机构已建立起了完备的担保品管理系统，可以提供担保品的选择、计算、盯市、替换、调整等一系列的服务，可以克服担保品自身可能存在的流动性不足、价值波动、存在违约可能等一系列的缺陷，为担保品管理业务的进一步发展提供了强有力的保障。

第二章
境外有价证券充抵保证金制度的经验借鉴

以国债等有价证券充抵交易保证金是境外市场的普遍做法，可以降低投资者的交易成本、提高市场运行效率。境外期、现货交易场所除了接受现金交易之外，广泛接受各类有价证券作为国债衍生品交易的担保品和保证金。其做法通常是现货交易的抵押品或者是规定期货未平仓合约的保证金的某一比例可以有价证券充抵；允许抵缴的有价证券种类，一般以政府债券、银行担保信用证、银行保函及股票等最为常见。各国和地区一般都根据业务的需要，选择质押、转移占有等模式，通过有价证券充抵交易保证金开展相关证券及衍生品交易，并通过设置充抵证券的折扣比率、最高充抵额、逐日盯市等制度，控制和防范相关风险。

第一节 美　国

一、美国法律法规关于担保品业务的规定

美国《1934年证券交易法》（Securities Exchange Act of 1934）对市场参与者保证金的要求作出了规定。该法第7条规定了担保金的类型、形式和证券期货产品担保的使用制度。2002年，美国商品期货交易委员会（CFTC）与证券交易委员会（SEC）共同制定了《有关证券期货客户保证金规则》，规定了保证金相关担保品的种类、形式和使用等，此保证金形式主要依据Regulation T①的定义制定。此规范亦成为美国期货市场制订保证金形式的主要参考依据②。此外，美国商品期货交易委员会亦制定了《商品交

① 美国联邦储备委员会（The Board of Governors of The Federal Reserve System，简称“美联储”FED）制定了众多的规则（Regulations），其中Regulation T、Regulation U和Regulation X与《1934年证券交易法》共同构成美国信用交易制度监管的法律基础。陈红：《海外证券信用交易规制的比较研究及其启示》，《法商研究》，2007年第6期。

② Regulation T主要是美国联邦储备理事会用来管理客户的现金账户，以及管理经纪商和经销商提供给客户购买证券的信用贷款量等规范。

易规则》(CFTC Rules),加上期权清算公司 OCC① 为代表的期货交易及结算机构的规则,这些规则都对有价证券充抵保证金的实现路径做出了规定,特别是交易所、结算机构的规则可谓十分详尽。

二、美国芝加哥商业交易所的担保品管理

美国芝加哥商业交易所(Chicago Mercantile Exchange,CME)集团是全球金融衍生品交易服务的行业巨头。2007 年 7 月 9 日,CME 和芝加哥期货交易所(CBOT)成功合并,缔造了全球最大的期货期权交易市场——CME 集团。2008 年,CME 集团成功收购了纽约商业交易所(NYMEX)和纽约商品交易所(COMEX),使其成为全球规模最大且最多元化的交易所集团。目前,CME 集团旗下拥有四个交易中心:芝加哥商业交易所、纽约商业交易所、芝加哥商品期货交易所和纽约商品交易所,产品涵盖了农产品、能源、股指、外汇、利率、金属、OTC 和天气等几乎所有的资产类别。

CME 建立了初始保证金和维持保证金制度,为交易履约提供财力担保。初始保证金是结算会员向客户收取的开仓保证金,若客户缴纳的保证金低于维持水平,则根据交易所规定必须将保证金补足至原始保证金水平。此外,结算会员可向客户收取高于交易所规定的最低保证金额度。维持保证金是结算会员向结算所缴纳的最低保证金水平。② 保证金可以现金或有价证券形式缴交。

---

① OCC,即 The Options Clearing Corporation,期权清算公司,成立于 1973 年,是全球最大的衍生品清算机构以及第一家获得标准普尔公司“AAA”信贷评级的清算所。它是一个对选择权的买方和卖方进行干预的清算机构。选择权的买方和卖方通过他们的经纪人,在交易所内达成选择权价格的协议。

② 田雅静:《美国 CME 期货结算业务介绍——股指期货结算业务系列研究报告之二》,载百度文库,http://wenku.baidu.com/view/a76448b265ce050876321327.html,2013 年 5 月 2 日访问。

（一）担保品的缴存

CME 接受多种流动性高、市场及信用风险低的担保品充抵保证金，CME 对结算会员缴纳的担保品进行适当的市值折扣以反映担保品的潜在市值损失，并建立有保障的确定清偿程序，以确保结算会员出现破产等违约情形时能够及时实现担保品变现。依据 CME 商品交易所规则 No. 820，CME 要求客户的抵缴担保品必须存入会员指定账户，结算会员需将抵缴的担保品交付交易所，或存入指定存放机构的交易所账户中，以确保交易所对所有抵缴担保品的控制权。但是，在任何情况下，交易所和清算所都不会为担保品价值的减少或折旧而承担责任。当交易所人员认为有必要时，所有的初始保证金和维持保证金应全部或部分由清算所保留，直到这些保证金担保品在交易中被抵消、以现金结算、被交付，或者以交易所人员确定的其他方式了结。另外，依美国商品交易法施行细则等规定，客户保证金不论系现金或抵缴的有价证券均可存放银行、信托公司或结算机构中。若结算会员违约，交易所有权接管并在不通知的情况下出售该结算会员的保证金担保品。结算会员在交易所规定的截止时间前可随时办理担保品的缴纳和提取。

（二）担保品的种类

从资产类别来看，CME 接受的担保品种类分为三大类：第一类包括现金、美国国债和货币市场共同基金（IEF2），结算会员可以任意缴纳该类别的资产充抵其保证金要求。第二类包括美国政府和机构债券、临时流动性担保计划（TLGP）、货币市场共同基金（IEF5）和银行信用证等，结算会员可以用该类别的资产支付 40% 的保证金要求。第三类包括实物黄金、外国政府债券、股票、公司债券和货币市场共同基金（IEF3&IEF4），结算会员可以用该类别资产支付 40% 的保证金，但最高不超过 30 亿美元。

CME 规则规定，CME 要求客户的抵缴担保品必须存入会员指定账户，结算会员需将抵缴的担保品交付交易所，或存入指定存放机构的交易所账户中，以确保交易所对所有抵缴担保品的控制权，当结算会员出现违约时，交易所有权在不通知的情况下处置该结算会员所抵缴的担保品。从 CME 集团的保证金构成来看（见表 2－1），2011 年底总计 937 亿美元保证金中，现金保证金只有 93 亿美元，占比不到 10%，非现金担保品占比超过 90%。具体来看，保证金中政府债券类占比约为 67%，IEF 占比约为 18%，股票类占比约为 0.2%，黄金占比约为 0.88%。①

表 2－1　　CME 保证金构成　　（单位：亿美元）

	2011 年		2010 年	
	现金	非现金	现金	非现金
交易保证金	81.03	802.51	37.17	828.68
担保金	11.56	38.70	2.32	28.28
跨市场交叉保证金	0.60	2.03	0.80	1.97
交割保证金	0.14	0.12	0.10	0.02
总计	93.34	843.35	40.39	858.95

资料来源：CME 官方网站。

CME 接受多种种类的保证金担保品，包括美元、多国外币、美国政府和机构债券、外国主权债券、资产支持证券等。所有担保品必须没有其他债务责任，交易所按照自身的评估方法确定担保品的价值。担保品的种类和折扣比率如下：

第一，现金。除美元之外，CME 接受多种外国货币作为保证金的担保品。自 2012 年 1 月起允许国际投资者将离岸人民币用作所有期货产品交易保证金的担保品，单个结算会员允许使用的单

① 中国金融期货交易所相关研究报告。

种外币额度上限为不超过 2.5 亿美元。现金当中美元没有折扣，其他货币适用不同的折扣比率，其中澳元、英镑、加元、欧元、日元、新西兰元、挪威克朗、瑞典克朗和瑞士法郎折扣率为 5%；离岸人民币折扣率为 10%，墨西哥比索折扣率为 15%；土耳其里拉折扣率为 20%。

第二，美国国债。短期国库券按市值折扣 0.5%。中长期国债在市值的基础上按照到期期限分别设定不同的折扣比率，且发行日超过 270 天的国债额外增加 1.5% 的折扣比率，其中期限为 0~5 年的国库券折扣比率为 3%，期限为 5~10 年的国库券折扣比率为 4.5%，期限为 10~30 年的国库券折扣比率为 6%。零息国库券折扣比率为 11%。

第三，货币市场共同基金（IEF）。由于 CME 会员和投资者作为交易保证金的现金没有利息收入，CME 针对会员的需求，推出了系列 IEF 产品供会员投资，为会员提供理财服务。IEF 产品全称为 Interest Earning Facility，为 CME 全权持有的、按美国 2A-7 货币基金进行设计和处理的投资项目。该项目已获 CFTC 批准，其再投资范围仅限于国债等投资风险极小的投资项目。IEF 仅对 CME 会员出售，会员须以现金购买此基金，交易所需要收取一定的管理费，但不向会员保证该基金的收益率，结算会员可以将购买的 IEF 基金份额作为期货保证金使用。目前，IEF 包括 IEF2、IEF3、IEF4 和 IEF5 四个产品，其中 IEF2 成立于 2001 年 7 月，主要投资于经核准的货币市场共同基金，IEF2 作为保证金时在市值基础上折扣 3%。IEF3 和 IEF4 为 CME 与纽约银行和摩根大通银行合作提供的特别担保项目。IEF3 项目发起于 2003 年 5 月，IEF4 项目发起于 2004 年 10 月。这两个特别担保项目由结算会员向合作银行提交符合 CFTC REG. 1.25 规定，但是 CME 并不直接接收的证券作为抵押品，结算会员所提交的担保物存入在合作银行开立的第三方账户中（该账户由 CME 控制），担保物的定价和存管由合作银行负责，CME 根据合作银行的价值评估报告确定结算会员可用于充抵保证金的额度。IEF5 项目发起于 2004 年 7

月，是 CME 与摩根大通银行、五三银行和德意志银行合作提供的固定收益账户项目。该账户根据彭博等金融咨询机构公布的隔夜收益率按月支付固定收益。该账户由 CME 控制，资金的转移由 CME 根据结算会员的指令进行操作。

第四，美国政府机构债券和资产支持债券。CME 接受联邦农业信用银行、美国联邦住宅贷款银行体系、联邦住房贷款抵押公司和联邦国民抵押贷款协会等政府机构发行的债券，并根据债券的类型和到期期限设定不同的折扣比率。剩余期限 1 年之内的贴现票据和短期债券折扣比率为 3.5%；对于中长期债券，到期期限 0～5 年的折扣比率为 4%，到期期限 5～10 年的折扣比率为 5.5%，到期期限大于 10 年的折扣比率为 7%。另外，发行日超过 270 天的中长期债券额外增加 1.5% 的折扣比率；对于资产支持债券，CME 接受联邦国民抵押贷款协会（Fannie Mae）、联邦住宅贷款抵押公司（Freddie Mac）和政府国民抵押贷款协会（Ginnie Mae）发行的资产支持债券，折扣比率为市价的 11%。

第五，外国主权债券。结算会员最多使用价值 10 亿美元的加拿大、法国、德国、日本、瑞典和英国主权债券作为担保品。债券根据到期年限制定不同的折扣率，发行日超过 270 天的债券额外增加 1.5% 的折扣比率。其中，贴现短期票据折扣比率为 5%，到期期限为 0～5 年的债券折扣比率为 6%，到期期限为 5～10 年的债券折扣比率为 7.5%，到期期限为 10～30 年的债券折扣比率为 9%，到期期限 30 年以上的债券折扣比率为 10.5%。

第六，临时流动性担保计划（TLGP）。结算会员最多使用价值 2 亿美元的临时流动性担保计划作为担保品，折扣比率为市价 10%，所接受的债券必须符合以下条件：一是该债券的发行总额超过 10 亿美元；二是该债券以美元发行；三是该债券的安全担保必须覆盖整个存续期限；四是该债券必须在彭博系统具有活跃的市场价格；五是该债券的发行方与结算会员没有任何附属关系。

第七，指定银行发行的信用证。信用证不能用于远期产品。

第八，黄金。结算会员使用最多价值 5 亿美元的实物黄金作为担保品，实物黄金的折扣比率为15%，实物黄金必须存储在JP摩根大通银行、德意志银行和汇丰银行，以实物黄金充抵保证金的结算会员必须与CME签定协议，以确保CME对所充抵黄金的控制权。

第九，股票。CME允许部分标准普尔500指数成分股作为担保品，CME根据市场情况定期公布所接受的股票名单列表及单支股票所允许的最大股数，股票的折扣比率为30%。CME选择美国证券托管清算公司（DTCC）作为股票冲抵保证金项目的存管机构，结算会员需在DTCC开立股票账户才能从事相关业务，结算会员可以通过其在DTCC的账户向CME的账户申请抵押有价证券或者要求从CME的账户释放之前抵押的证券，CME操作人员通过DTCC系统查看清算会员的抵押申请和释放抵押申请，释放抵押品申请需经CME批准确认才能执行。

第十，公司债券。CME每月第五个工作日公布合格的公司债券名单，公司债券的抵押办理通过IEF4项目进行，公司债券的折扣率为20%。①

三、美国期权清算公司的担保品管理

美国期权清算公司（OCC）成立于1973年，是世界上最大的股票衍生品结算组织。根据美国证券交易委员会（SEC）的规定全美所有股票期权统一在OCC集中结算，OCC同时是美国商品期货交易委员会注册的衍生品结算组织（DCO），可以提供期货和期货期权的结算服务。目前，OCC为11家交易所提供期权结算服务，分别是芝加哥期权交易所（CBOE）集团旗下的CBOE和C2，NASDAQ OMX旗下的BX和PHLX，NYSE EURONEXT旗下的NYSE/Amex和NYSE/Arca以及ISE、BOX、BATS、纳斯达克股

① 中国社科院金融所课题组：《西方金融监管改革的动向、趋势与中国金融监管改革再审视》，载《经济学动态》，2009年第11期。

票交易所和迈阿密股票交易所。另外，OCC 还为 CBOE 期货交易所、NYSE Liffe、NASDAQ OMX 期货交易所、ELX 期货交易所和第一芝加哥交易所提供商品期货、商品期权和证券期货结算服务。

（一）担保品的缴存

根据 2010 年 7 月 23 日，美国证券交易委员会（SEC）发布的《关于 OCC 提议修改 OCC By – Laws and Rules》中有关条款以及《可以改变会员提供的用以满足保证金和结算资金义务的担保证券的控制方式的通知》① 中的相关规定，OCC 允许结算会员通过电子质押系统来实现充抵保证金或履行清算资金义务的目的；OCC 接受现金、银行信用证、美国和加拿大政府债券、美国政府支持企业债券、货币市场基金等多种形式的保证金。除了银行信用证之外，所有形式保证金存放于银行或证券托管机构。

（二）担保品的种类

对于充抵保证金的有价证券，OCC 按日进行市值评估，公司优先股和债券按照每日收市价的 70% 估值，政府债券按照剩余到期时间的不同设定不同的折扣，结算会员以同一公司优先股或债券充抵的保证金不能超过其总保证金的 10%。2009 年 12 月，OCC 开始接受普通股和 ETF 充抵保证金，普通股和 ETF 同样按照每日收市价的 70% 估值。OCC 只接受不可更改的银行信用证，OCC 可以将接受的现金保证金投资于国债等安全性资产，投资所获得的收益或损失归 OCC 所有。从 OCC 的保证金构成来看（见表 2 – 2），2011 年年底总计 573 亿美元保证金中，特定存款为 217 亿美元，占比 37.84%；公司股票和公司债券为 226 亿美元，

---

① SEC 网站公布的发布编号为 34 – 62566、文件编号为 SR – OCC – 2010 – 10 的通知：http：//www. sec. gov/rulessro/occ/2010/34 – 62566. pdf。

占比 39.42%；政府债券为 85 亿美元，占比 14.82%；现金和短期投资只有 18 亿美元，只占 3.16%。

表 2－2　　　　　　　　　　OCC 保证金构成

	2011 年 12 月 31 日		2010 年 12 月 31 日	
	金额（亿美元）	占比（%）	金额（亿美元）	占比（%）
特定存款	216.87	37.84	212.90	32.25
公司股票和公司债券	225.93	39.42	319.29	48.37
现金和短期投资	18.09	3.16	3.35	0.51
银行信用证	22.94	4.00	30.70	4.65
政府债券	84.92	14.82	93.85	14.22
政府支持企业债券	3.42	0.60	—	
货币市场基金	1.01	0.18	0.01	0.00
合计	573.19	100.00	660.10	100.00

资料来源：OCC 官方网站。

第一，现金。结算会员的保证金可以以美元现金存入，清算所有权将结算会员存入的美元现金投资于国债等安全性较高的资产，投资所得的任何收益或损失归结算所所有。

第二，国债。结算会员可以存入没有其他债务责任的国债充抵保证金，存入的国债根据剩余期限的不同设定不同的折扣比率，到期日 1 年以内的国债按照市值 99.5% 估值，1～5 年的国债按照市值 98% 估值，5～10 年的国债按照 96.5% 估值，10 年以上的国债按照 95% 估值。结算会员充抵保证金的国债必须存入清算所在指定存管机构以清算所名义开立的账户中，存入债券发生的利息收入属于结算会员，清算所将收到的债券利息或是到期收入记入结算会员在清算所的账户。清算所以不高于每日的频率评估债券市值，具体的周期由会员风险管理委员会根据市场情况不时确定，市值评估基准根据清算所指定机构提供的市场报价。

第三，政府支持企业债券。结算会员可以以没有其他债务责任的政府支持企业债券充抵保证金，政府支持企业债券根据剩余期限的不同设定不同的折扣比率，到期日 1 年以内的政府支持企业债券按照市值 99% 估值，1 ~5 年的按照 97% 估值，5 ~10 年的按照 95% 估值，10 年以上的按照 93% 估值。结算会员充抵保证金的政府支持债券必须存入清算所在指定存管机构以清算所名义开立的账户中，存入债券发生的利息收入属于结算会员，清算所将收到的债券利息或是到期收入记入结算会员在清算所的账户。清算所评估债券市值的周期最高不超过每日评估，具体的周期由会员风险管理委员会根据市场情况不时确定，市值评估基准根据清算所指定机构提供的市场报价。

第四，货币市场基金。结算会员可以存入货币市场基金份额充抵保证金，所接受的货币市场基金必须是符合 SEC 投资公司法案第 2a -1 条规则规定的第一级证券，且清算所能够每个交易日对该基金进行市值评估，存入货币市场基金的结算会员必须与清算所签定协议，确保清算所对存入的基金具有完全控制权，单个结算会员存入的单支货币市场基金不得超过该基金总份额的 5%。

第五，公司股票和公司债券。清算所接受合格的公司优先股、公司普通股和公司债券充抵保证金，所接受的优先股当前市值必须大于每股 10 美元；普通股必须符合《1933 年证券法》第 18（b）款关于“covered securities”的规定；公司债券必须由一家全国性评级机构评级 4A 以上，且在一家全国性股票交易所挂牌交易，结算所能够便捷地获得该债券的每日市值估值。公司股票和公司债券必须存放于清算所指定的银行或托管机构，并可以在不通知结算会员情况下根据清算所指令立即出售。以下两种情况结算所确认公司股票和公司债券存入成功：一是结算所收到指定存管机构的书面存入证明；二是电子抵押系统确认该证券已经被抵押给结算所。充抵保证金的公司股票和公司债券所发生的股利或任何收入属于结算会员，证券存管或出售等发生的费用由结算会员承担。

第六，银行信用证。清算所接受指定的银行或信托机构发行的美元信用证充抵保证金，所接受的信用证一经发出不可更改，且发行机构必须承诺能够根据清算所的指令在工作日的60分钟之内向清算所支付款项。

四、美国证券市场的国债充抵保证金业务

（一）美国证券市场的登记托管机构

目前，美国证券市场的登记托管机构主要是美国证券托管清算公司（The Depository Trust & Clearing Corporation，DTCC）。DTCC是独立于交易所的托管清算机构，成立于1999年，拥有六大子公司，为各类债券、股票和OTC市场的衍生产品提供清算、交收以及担保品管理服务，是美国市场最主要的证券存管和结算机构，也是全球最大的存管结算机构之一。DTCC成立之初只为纽约证券交易所和美国证券交易所提供基础的证券存管和结算服务。成立一段时间后，业务逐渐呈现多样化的特点，从最初的证券存管和结算，逐步拓展到派发红利、股利、代扣代缴税以及证券借贷等多种服务，业务范围还逐渐从股票市场拓展到债券市场、场外衍生品和财务管理市场，从国内市场拓展到全球市场。2007年后，DTCC借助金融危机后金融行业加强风险管理等契机，进一步拓展了新的服务领域，例如为对冲基金、投资对冲基金等以及其他另类投资产品的申购、赎回、持仓和估值提供自动化和标准化服务，开发场外信用衍生产品的集中结算服务，提供金融财团贷款服务，实现保险年金之间的资金划转等（见图2-1）。

（二）DTCC的主要业务及其担保品管理服务

1. 清算和交收服务

DTCC的子公司NSCC，为几乎所有的经纪商之间的交易提供

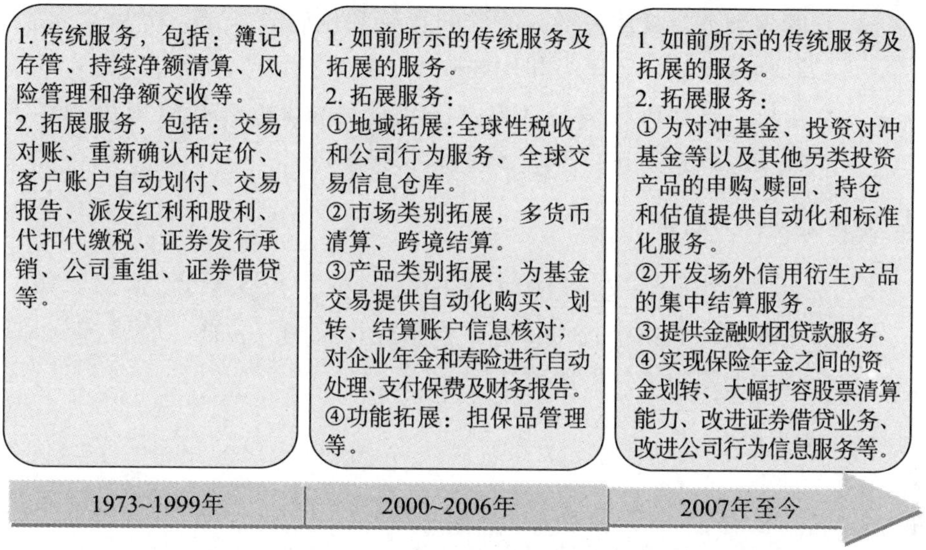

图 2－1　DTCC 业务出现的时间

资料来源：中国结算公司相关研究报告。

清算和交收服务，具体包括：客户账户自动划付服务（ACATS）、持续净额结算（CNS）、特定指数证券处理、存货管理、交易报告及确认、实时交易配对、重新确认和定价服务、交收、证券借贷等。服务的证券品种涉及股票、公司债、市政债券、美国存托凭证（ADR）、投资信托基金（Unit Investment Trusts）、共同基金、指数认购（售）权证、国家基金及其他封闭型基金等。

DTCC 的子公司 FICC，为美国政府债券和抵押性证券提供清算和交收服务，具体包括：实时和自动化交易配对、净额清算、交收失败轧差、回购交易后台处理、全面抵押融资回购、电子库存通知服务等。服务的证券品种涉及美国政府短期国债、中长期国债、票据、零息证券、通胀指数债券、抵押性证券等。

2. 存管及资产管理服务

DTCC 的子公司 DTC，为美国证券市场提供证券存管及资产管理服务，具体包括：证券的存管和保管、承销、实物券存取、红利派发、公司重组和代理服务、直接登记等。此外，也为货币市场工具和机构交易（通常涉及资金和证券在托管银行和自营商/经纪商之间的划转）提供交收服务。

3. 全球公司行为服务

DTCC 的子公司 DTCC Solutions LLC，为全球交易的股票和固定收益证券集中提供信息，包括股权收购、转换、股票拆分等，极大地简化了公告流程。

4. 衍生产品服务

DTCC 的子公司 DTCC Deriv/SERC LLC，为衍生品提供交易配对和双边净额结算服务，具体包括：信用掉期交易、股票衍生品、利率衍生品的配对及确认和交易信息仓库等。2006 年，DTCC 成立了全球交易信息仓库。

5. 基金及替代投资产品服务

DTCC 的子公司 NSCC，为美国境内的基金交易和境外基金提供账户开立，自动化的购买、登记、赎回和结算等通道服务，以标准化的方式实现了账户和投资信息的交换。此外，DTCC 还提供信息核对、税费处理、佣金结算、红利结算、网络服务、在基金公司之间划转个人退休储蓄账户的资产等服务。

另外，DTCC 的子公司 DTCC Solutions LLC 还在筹备“替代投资产品服务”，将对冲基金、投资对冲基金的基金、房地产投资信托以及其他替代投资产品的申购、赎回、持仓和估值报告等提供自动化和标准化服务。

6. 保险服务

DTCC 的子公司 NSCC，为美国市场提供年金、寿险和退休金提供信息化服务，具体包括：年金申请、佣金支付、持仓估值、资产定价、财务活动报告、年金客户账户划转等。

7. 证券抵押、借贷服务

DTCC 的子公司 NSCC，为美国市场提供证券抵押、借贷服务。根据 CFTC Rules 的规定及 OCC、CME 等交易所或者结算机构的规则，经过交易所或者结算机构同意的保管机构可以替交易所或者结算机构保管充抵保证金的有价证券。目前，被 SEC 及 OCC 认可的此类机构就是 DTC 的 NSCC，通过配合 OCC 和 CME 进行充抵保证金的有价证券的登记、存管，NSCC 成为目前美国市场进行担保品管理和服务的最重要机构。其接受的证券种类几乎涵盖了所有有价证券，具体业务种类所接受的证券根据交易机构的规定而进行，相关折扣比例也由交易机构确定。2002 年，DTCC 启动的抵押品证券交易电子池通知（EPN），大大缩短了证券抵押品交易的时间，提高了抵押品管理的效率。

第二节 欧　　盟

一、欧洲期货交易所的有价证券充抵保证金业务

（一）可接受的担保品

欧洲期货交易所（EUREX）接受现金或有价证券作为保证金的担保品，现金包括欧元、瑞士法郎、美元和英镑共四种货币。一般来说隔夜追加保证金必须以欧元和瑞士法郎缴纳，日中追加保证金和隔夜保证金四种货币都可以缴纳。欧元和瑞士法郎必须

缴存在德国联邦银行或瑞士国家银行的中央银行账户。为确保结算所和结算会员现金担保品的安全，EUREX 对于现金担保品的管理政策非常谨慎，现金担保品的收益在扣除必要费用后归结算会员所有，其中作为结算货币的欧元和瑞士法郎一般扣除 25 个基点，美元和英镑扣除 50 个基点。

EUREX 还接受多种类型的有价证券作为抵押品，并根据有价证券的不同种类制定了不同的最低折扣率标准，对债券来说 EUREX 要求担保的债券总量不能超过该债券的发行量的 25%。结算会员的变动保证金（例如，每日结算的盈亏）、追加保证金以及期权的权利金必须以现金缴纳（见表 2－3）。

表 2－3　　EUREX 抵押品类型及最低折扣率

<table>
<tr><th>种类</th><th>币种</th><th>标准</th><th>类型</th><th>最低折扣率（%）</th></tr>
<tr><td rowspan="12">债券</td><td rowspan="6">欧元、德国马克</td><td rowspan="6">（1）欧洲央行公布的立即可售资产；
（2）流动性符合欧洲央行 I－IV 类标准；
（3）独立清算；
（4）交易所挂牌；
（5）不超过发行量的 25%。</td><td>政府债券</td><td>3.0</td></tr>
<tr><td>州政府债券</td><td>3.0</td></tr>
<tr><td>市政债券</td><td>5.3</td></tr>
<tr><td>州政府机关债券</td><td>5.5</td></tr>
<tr><td>公司债券</td><td>14.0</td></tr>
<tr><td>银行债券</td><td>16.8</td></tr>
<tr><td rowspan="6">瑞士法郎</td><td rowspan="6">（1）瑞士央行认可；
（2）独立清算；
（3）交易所挂牌；
（4）不超过发行量的 25%。</td><td>联邦政府债券</td><td>3.0</td></tr>
<tr><td>州政府债券</td><td>3.0</td></tr>
<tr><td>市政债券</td><td>5.3</td></tr>
<tr><td>州政府机关债券</td><td>5.5</td></tr>
<tr><td>公司债券</td><td>14.0</td></tr>
<tr><td>银行债券、抵押债券</td><td>16.6</td></tr>
</table>

续表

种类	币种	标准	类型	最低折扣率（%）
债券	美元、英镑、丹麦克朗、挪威克朗、瑞典克朗、澳元、加元、日元	（1）交易所挂牌； （2）不超过发行量的25%。	政府债券	3.2
	欧元、瑞士法郎、美元、英镑、丹麦克朗、挪威克朗、瑞典克朗、澳元、加元、日元	（1）欧洲央行公布的立即可售资产； （2）流动性符合欧洲央行I－IV类标准； （3）交易所挂牌； （4）不超过发行量的25%。	高收益政府债券	11.4%
	欧元、瑞士法郎、美元、英镑、丹麦克朗、挪威克朗、瑞典克朗、澳元、加元、日元	（1）欧洲央行公布的立即可售资产； （2）流动性符合欧洲央行I－IV类标准； （3）交易所挂牌； （4）不超过发行量的25%。	葡萄牙/爱尔兰债券	45.0%
股票	欧元、瑞士法郎	（1）独立清算； （2）不超过流通量的5%； （3）不超过每日保证金的30%。	DAX，EuroStoxx 50，SMI成份股	20
			EUREX全球资本计划认可的股票	20
			特定的抵押支持证券	100
其他	欧元	（1）不超过流通量的5%； （2）不超过每日保证金的30%。	清算所允许的贵金属	15

资料来源：EUREX官方网站。

（二）担保品的缴存

结算会员必须在德国联邦银行赫斯邦央行法兰克福分行（LZB）、瑞士国家银行（SNB）及明讯国际托管银行（Clearstream Banking AG）设有现金结算账户。同时可以在法兰克福明讯国际结算托管银行（Clearstream Banking AG Frankfurt）或瑞士苏黎世国际证券结算公司（SegaInterSettle Zurich）开立有价证券担保品账户，用于与清算所之间的担保品交收。EUREX 在内部为每一个结算会员开立一个现金账户，用于完成每日交易产生的盈余、进出账以及费用等的结算，现金账户分币种设置。同时，EUREX 在内部为每一结算会员开立一个担保品账户（Collateral Clearing Account），用于记录和核算结算会员每日提交、转回存放于质押账户中的各种有价证券，以满足担保品管理及实物交割需求。该账户必须开设在法兰克福明讯国际结算托管银行和瑞士苏黎世国际证券结算公司中，每个结算会员应对存入担保品账户中的有价证券负责。在结算协议中，结算会员应当向清算所承诺将所有（包括现有和将来所有）的有价证券全部存入担保品账户中。①

第一，现金。结算会员必须通过在清算所报备的现金账户缴纳现金担保品，结算会员通过传真通知清算所的现金缴存计划，清算所通过环球银行间财务通信系统（S. W. I. F. T. ）直接从结算会员报备的现金账户扣划，现金扣划成功后直接增加结算会员的可用保证金。结算会员需要提取现金的，必须以传真方式向清算所发出提取指令，如果结算会员的保证金余额充足，清算所将通过 S. W. I. F. T. 将资金划入结算会员报备的现金账户。

第二，有价证券。结算会员直接将有价证券存入在法兰克福

① 中国金融期货交易所相关研究报告。

明讯国际结算托管银行或瑞士证券交易所（SIX SIS Ltd.）开立有价证券担保品账户。如果存入的有价证券符合担保品要求，将实时增加结算会员的抵押品账户余额；如果存入的有价证券不符合担保品要求，EUREX将直接将该证券退回至结算会员的主账户（Main Account）。有价证券的提取通过抵押品管理系统进行，如果结算会员的有价证券余额充足，清算所直接将有价证券从结算会员的抵押账户转移至结算会员的主账户。

（三）担保品的违约处理

当出现结算会员不能履约的情况，EUREX则按以下步骤履约赔偿：一是动用该违约结算会员缴纳的保证金账户中的现金与有价证券担保品，将违约结算会员持有的有价证券全部转换为现金并由欧洲期货交易所结算公司（EUREX Clearing AG）持有；二是动用该违约结算会员缴纳的结算基金；三是动用所有结算会员缴纳的结算基金已转成的储备金；四是动用其他结算会员缴纳的结算基金，按照各结算会员当时的未平仓合约数的比例分摊。①

二、欧清集团的担保品管理服务

欧盟各国国债的主要托管机构是明讯银行集团法兰克福公司，其主要任务是根据各国证券存管法为投资者存管证券、进行证券账户管理以及为场内交易和场外交易提供结算服务。除此之外，还有明讯银行集团卢森堡公司（Clearstream Banking Luxembourg）、瑞士证券交易所（SIX SIS Ltd.）和比利时的欧洲清算银行（Euroclear Bank）等德国国债境外存管机构。

① 杨迈军：《德国期货市场法律规范研究》，北京：中国金融出版社2007年版，第33页。

（一）欧清集团担保品管理服务概况

欧洲清算集团（Euroclear，简称“欧清集团”）是全球最大的国内及跨境交易结算服务提供商。2011 年欧清集团为超过 580 万亿欧元的证券交易提供结算服务，共涉及 1.63 亿笔本地及跨境交易，同时为客户管理着超过 22 万亿欧元的资产。欧清集团旗下有 8 家子公司，分别是欧清银行、欧清比利时、欧清芬兰、欧清法国、欧清荷兰、欧清瑞典、欧清英国和爱尔兰。其中，欧清集团近 90% 的经营业绩来自于欧清银行、欧清法国、欧清英国和爱尔兰这 4 家子公司。

欧清银行作为欧清集团的全资子公司，以国际证券存管机构的身份提供的业务基本可以分为三大类：一是证券托管业务，包括证券保管、公司行为情况报告服务、证券托管操作、托管证券权益分派以及担保品管理服务。二是清算与交收业务。相关数据显示，2011 年欧清银行完成的交收金额达到 328.5 万亿欧元，占整个欧洲清算集团交收量的 56%。三是证券借贷业务。欧清银行的证券借贷系统和清算交收过程自动连接，有效地提高了交收的成功率。其中，担保品管理服务①是近年来欧清银行大力拓展的核心业务，《全球托管人》（Global Custodian）杂志“2012 年三方证券融资调查”显示，在全球 2012 年的担保品第三方管理市场中，欧清银行的担保品第三方管理业务所占份额达 30.5%，是该市场最主要的服务提供者。

自 2008 年金融危机之后，由于各国相继出台的金融监管改革

① 担保品管理服务是指一些专业机构为金融交易中的担保当事人提供担保品存管、账户处理、交存、提取、买卖、替换、盯市、追缴、返还、有偿使用、权益处理、违约处置和查询统计等一系列行为的服务。担保品管理在国外成熟市场发展迅速，广泛应用于各类金融产品的场内及场外交易市场。

措施，如《巴塞尔新资本协议Ⅲ》①、《欧洲市场基础设施监管规则》（EMIR）②、《多德－弗兰克法案》③ 等，使得市场参与人对于担保品的需求有了很大的提升；与此同时，担保品收取方对于担保品管理的要求日益个性化与多样化。为向客户提供更好的担保品管理服务，欧清集团于2012 年6 月推出了名为“担保品高速路”（Collateral Highway）的服务平台。作为全球首个全开放式的担保品管理服务平台，欧清集团计划将其打造成一个担保品管理与担保品划转的全球性金融基础设施，为全球各地的投资者提供高效、优质的担保品管理服务。市场参与人通过该服务平台可以快速、高效地将担保品从持有地划转到需要使用的地区或市场。

（二）欧清集团担保品管理服务特点及近期举措

1. 全开放的服务客户群体

欧清集团面向所有担保品提供方、担保品收取方以及担保品中介机构开放服务平台：包括所有中央对手方、证券存管机构、超国家组织机构（Supranationals）、全球性及区域性托管机构、投资银行及商业银行，乃至欧清银行的竞争对手。目前，包括诸如韩国证券托管公司（KSD）、法国巴黎银行证券服务公司（BPSS）、花旗银行、芝加哥商品交易所欧洲清算所（CME Clearing Europe）等金融机构已加入进来。

---

① 《巴塞尔新资本协议Ⅲ》对于金融机构的资本充足率以及流动性覆盖率进行了更加严格的要求。

② EMIR 的目标是增强场外衍生品市场交易的透明性和降低交易对手方信用风险。

③ 该法案在扩大金融监管机构权利的同时，限制大型金融机构的投机性交易，强化对于金融衍生品交易的监管。

2. 全开放的担保品来源

除了欧清集团所管理的超过22万亿欧元的资产外，欧清集团还提供了开放资产源（OIS Open Inventory Sourcing）服务，以此来扩大“担保品高速路的担保品入口点”。OIS服务是指由欧清银行在加入OIS服务的证券存管机构或代理机构开立账户，当该区域市场参与人希望利用“担保品高速路”服务平台来使用其存管或托管于当地的证券资产时，只需将证券资产划转至欧清银行的相应账户即可。

通过此种服务，既可以满足投资者参与跨境使用担保品的需求，又不必改变担保品原有的存管或托管方式。目前，欧清集团已经通过法国巴黎银行证券服务公司（BPSS）和花旗银行在意大利及西班牙市场为投资者提供OIS服务，预计于2014年11月通过渣打银行在香港及新加坡市场为投资者提供OIS服务。①

3. 提供担保品“升级”服务（GC Acess）

作为“担保品高速路”服务平台的一部分，欧清银行近期推出了一项全新的证券借贷业务——GC Acess服务。通过该项服务，投资者可以利用所持有的证券为担保品，通过“GC Acess desk”平台提供的“高质量证券池（High - quality Securities Pool)”借入需要的证券资产，以达到“升级”原有担保品的目的。

欧洲正试图通过搭建跨市场、跨境业务平台的方式，以金融市场基础设施为目标来建立担保品管理服务平台，为市场参与人提供集中化的担保品池以及担保品管理服务。与欧清银行类似，明讯银行正在着手推行“Liquidity Hub Global Outsourcing”（GO）服务。该服务允许中央银行、中央存管机构、交易所与明讯银行

① 中国金融期货交易所相关调研报告。

担保品管理系统进行直联。明讯银行与巴西托管结算所（CETIP）、加拿大证券托管所（CDS）、澳大利亚证券交易所（ASX）、南非金融服务公司（STRATE）、西班牙中央证券结算所（lberclear）共同形成了“流动性联盟组织”（Liquidity Alliance）。纽约梅隆银行于2014年年初在比利时设立了纽约梅隆中央证券存管公司（ICSD）。纽约梅隆银行的这一举动，也从侧面说明了其希望以此来扩展证券托管服务的业务范围，并通过统一的业务平台协助客户管理全球范围的资产，提高客户担保品的利用效率。①

第三节

英　国

一、英国债券市场金融机构概况

在英国债券市场中承担国债市场管理职能的政府机构主要是债务管理局和金融服务局，其他监管机构有英格兰银行、伦敦股票交易所、伦敦国际金融期货期权交易所、伦敦清算所、中央清算系统等。

英格兰银行成立的中央国债办公室（CGO）负责国债的托管和结算，它有80个直接清算成员，其他市场投资者通过清算成员间接进入CGO。资金的清算则主要通过五大清算银行，因为只有经过批准的清算银行能在中央银行直接开立清算账户，其他银行、证券商和个人投资者只能在清算银行处开立资金账户。政府债券的登记和结算也集中在英格兰银行的金边债券托管中心

① 信息来源于中国金融期货交易所相关境外调研报告。

(CGO)。英格兰银行还负责监管政府债券二级市场的操作和管理做市商。所以，英国财政部只是决定政府债券的发行规模及有关政策，但整个政府债券的销售、二级市场的交易和登记托管都是由英格兰银行操作的。①

二、英国主要清算所担保品管理

（一）伦敦清算所

伦敦清算所集团（The LCH. Clearnet Group）是一家领先的国际结算中心，同时为多家交易所、交易平台与场外交易市场提供清算服务，其负责清算产品不仅仅局限于期货，而是涵盖多种金融产品。伦敦清算所集团下设 3 个运营公司：伦敦清算所有限公司（LCH. Clearnet Ltd）、伦敦清算所巴黎公司（LCH. Clearnet SA）以及伦敦清算所美国公司（LCH. Clearnet LLC）。其中，伦敦清算所有限公司、伦敦清算所巴黎公司是欧洲领先的中央对手方服务机构，分别对有价证券抵缴保证金作出了规定。其中，伦敦清算所巴黎公司主要为股票交易所、有组织的衍生产品市场和债券回购市场的股票、债券、认股权证、可转换债券、股票类衍生品、利率衍生品和商品衍生品提供中央交易对手和多边净额清算服务；伦敦清算所有限公司分别通过回购清算系统和互换清算系统为场外交易市场的债券回购和利率互换等交易提供中央对手方服务。

1. 可接受的担保品及折扣率

伦敦清算所巴黎公司为了保证结算会员的净持仓，并能够管

① 景春梅、魏青山、曾省存：《英国金融监管改革及其影响》，载《经济学动态》，2010 年第 8 期。

理违约风险，要求会员提供初始保证金和变动保证金。接受现金、债券和股票等多种形式的有价证券作为保证金的抵押品。现金包括欧元、美元和英镑，美元的折扣率4.8%，英镑的折扣率为5.4%。股票主要包括荷兰阿姆斯特丹指数（AEX）、比利时20指数（BEL 20）、巴黎40指数（CAC 40）、道琼斯欧洲50指数（DJ EURO STOXX 50）、泛欧100指数（EURONEXT 100）、葡萄牙20指数（PSI-20）以及在泛欧交易所衍生产品市场上市的相关期权。另外，欧洲地区主要国家的国债以及美国国债都可以作为非现金抵押品。根据债券的发行国不同，国债可分为九大类：法国国债、美国国债、德国国债、英国国债、比利时国债、荷兰国债、意大利国债、葡萄牙国债和西班牙国债。其中，美国国债最低25万美元，英国国债最低10万英镑，其他国家的国债最低10万欧元。根据债券的发行国和到期年限实行不同的折扣率见表2-4。

表2-4 LCH不同类型的债券折扣率 （单位：%）

到期年限	法国、德国、荷兰	比利时	葡萄牙	英国	意大利	西班牙	美国
<0.5年	0.50	0.50	65	0.50	0.50	0.50	0.50
≥0.5且<1年	0.75	1.25	65	0.75	1.25	1.25	0.75
≥1且<3年	1.25	1.50	75	1.75	3	3	1.75
≥3且<5年	2	2.25	75	2.75	4.25	4.25	2.75
≥5且<7年	2.50	3.25	75	3.75	5	4.50	3.75
≥7且<10年	3.50	4.25	80	5.50	6.50	6	5.50
≥10且<15年	6.25	6.50	80	8.75	8.75	8.75	8.75
≥15且<30年	15	15	80	16.50	18.25	18.25	16.50
>30年	20	20	80	22	24.25	24.25	22

资料来源：LCH官方网站。

伦敦清算所有限公司的结算会员可以使用现金、有价证券或贵金属向清算所交纳保证金，但是，变动保证金只能使用现金交纳。为了方便交付，会员可以直接或通过一个三方机制交纳保证金。

（1）现金。货币包括英镑、欧元、美元、加元、瑞士法郎、日元、瑞典克朗、丹麦克朗、挪威克朗。

（2）国债。发行国主要包括澳大利亚、奥地利、比利时、加拿大、丹麦、芬兰、法国、德国、意大利、日本、卢森堡、荷兰、挪威、西班牙、瑞典、美国、英国。上述国家的国债和政府债券都是可被接受的非现金担保品。政府证券必须在发行人的所在国发行，且必须是以本国货币计值。

（3）政府国民抵押协会（GNMA）担保贷款证券。

（4）由政府信用担保计划发行的政府机构证券。由政府信用担保计划发行的政府机构证券必须在发行人的所在国发行，且必须是以本国货币计值。其中主要包括美国联邦国民担保贷款协会、联邦住房贷款担保公司、美国联邦住宅贷款银行，德国复兴信贷银行（KFW），澳大利亚、奥地利、法国、德国、荷兰、瑞典、英国、美国等政府担保债券和政府担保 CDs 基金。

（5）其他担保品：贵金属（金条）。

2. 担保品的缴存

伦敦清算所巴黎公司提供两种担保品缴存方案：第一种为分散缴纳方案；第二种为集中缴纳办法，会员应以书面形式告知结算公司将按何种方式交纳保证金。

（1）分散缴纳。将非欧元资产分别存入结算公司在每个市场（巴黎、里斯本、布鲁塞尔或阿姆斯特丹）中央存托机构（也可是托管人或商业银行）开立的账户内；将欧元资产分别存入结算公司在所在国中央银行开立的账户内。

（2）集中缴纳：自 2002 年 1 月以来，伦敦清算所巴黎公司向结算会员提供集中缴纳担保品的机会。此时，结算会员又有两种做法支付所有市场交易结算的保证金：一种做法是开立一个多账户，以欧元支付所有应向结算公司支付的保证金，存入法兰西银行（BDF）、葡萄牙银行（BDP）或比利时银行（NBB）；将非欧元货币或证券存入结算公司在中央存托机构开立的账户内。另一种做法是选择一种担保模式，通过中央银行担保的方式，由比利时国家银行（NBB）和荷兰国家银行（DNB）提供银行担保，履行其以抵押品充当保证金的义务。

总部设在比利时或荷兰的结算会员可通过比利时国家银行或荷兰国家银行提供担保。NBB／DNB 向伦敦清算所巴黎公司出具保证书，银行可直接借记结算会员的现金账户，或者由会员通过直接或间接的方式向该银行提交足够的担保品。如果结算会员不能直接通过 NBB／DNB 提供担保，则可以通过与能够取得 NBB／DNB 担保的信贷机构签订合约的方式履行保证金义务。合约应当规定，持有 NBB／DNB 账户的信贷机构负责就结算会员的保证金义务向 NBB／DNB 提供足够的担保品。此时，与信贷机构签订合约的结算会员应被视为一个“联盟成员”（对于未在比利时或荷兰成立的结算会员，也可通过此种方式获得银行担保）。

为了使 NBB／DNB 的担保是有效的，银行必须在限定的时间内向结算公司出具一封有关担保品的确认函，确认保证金数额符合相应的要求（该数额必须按照结算公司确认的新的保证金要求随时进行更新）。就 DNB 的担保上，结算会员的信贷能力取决于 DNB 账户中持有的现金担保品和已转移至欧洲结算（Euroclear）荷兰的证券担保品。这些合格担保品已质押（Pledge）给 DNB。央行担保将持续到结算会员的会员资格终止或者结算会员发出通知终止央行担保。①

由于欧洲会员所在国家法律体系的不同，在衡量结算最终性、以存入抵押证券作担保物的有效性和强制性以及用簿记方式

① 数据来源于中国金融期货交易所相关研究报告。

记录存入抵押证券时该抵押证券所有权归属等问题上，法律关系不尽相同，具体规定如下：

第一，会员直接或通过中介将证券存入结算公司在法国开立的账户充当抵押品的，其所有权归结算公司；

第二，会员直接或通过中介将证券存入结算公司在葡萄牙开立的账户充当抵押品的，结算公司享有质权；

第三，会员直接或通过中介将证券存入结算公司在比利时开立的账户充当抵押品的，抵押品以信托的方式存入结算公司的账户内。

通过 NBB 提供信用的比利时会员，可由该银行直接借记其现金账户，或者由会员向该银行提交足够的抵押品，再由该行向结算公司开出信用证。无法直接通过银行取得信用的会员，必须通过与可从银行取得信用的信用机构签定合约的方式提交保证金。银行必须于当天上午 10:35 （CET，欧洲中部时间）以前向结算公司出具一封有关抵押品的确认函。会员与银行之间的有关安排在会员资格终止前或会员将有关变化通知结算公司前均有效。荷兰的情形与比利时的类似，但是抵押品到达结算公司有关账户的时间等内容不同。

3. 担保品的费用

伦敦清算所巴黎公司向现金担保品支付利息，其中欧元在欧元隔夜拆借平均指数利率（EONLA）基础上扣除0.25%，英镑在英镑利率基础上扣除 0.3625%，美元在美元利率基础上扣除 0.5%。伦敦清算所巴黎公司向非现金抵押品收取 0.10% 的资金融通费用，并按笔对非现金抵押品的存取收取一定费用，托管在欧洲结算（Euroclear）法国和比利时以及在线交易所（Interbolsa）的股票每笔存取收取 15 欧元，托管在欧洲结算（Euroclear）银行的股票每笔收取 25 欧元。托管在欧洲结算（Euroclear）法国和比利时以及比利时国家银行和在线交易所（Interbolsa）的债券每笔存取收取 10 欧元，托管在欧洲结算（Euroclear）银行的债券每笔收取20欧元。①

4. 担保品的处置

原则上，结算会员向伦敦清算所巴黎公司缴交的担保物，其全部所有权应当转移至清算所。当作为保证金的有价证券被存入有关账户时，该有价证券的全部所有权移转至伦敦清算所巴黎公司。清算所将受益于所有权转让有关的一切特权，特别是使用、出售有价证券担保品、抵消与它相关的索赔的权利。担保品的再使用必须在清算所相关内部政策以及法律法规的限制范围内行使。当结算会员的保证金义务履行完毕，清算所应当将这些证券或者等价的证券还给结算会员。而结算会员违约时，清算所作为有价证券担保品的所有人，可以将证券出售以履行结算会员依据结算规则所载的剩余债务。具体而言，应当区分结算会员通过何种途径交纳保证金。

（1）通过开立多账户履行保证金义务的，结算公司按规定对担保品享有所有权的，会员违约时，结算公司可按照结算规则的规定，出售担保品以弥补会员对结算公司的债务。结算公司按规定为担保品法定受益人的，结算公司可以最佳价格出售担保证券，或者尽快动用现金担保品（不需通知会员），也可行使存放于其名下的账户的担保证券的相关权利；结算公司按规定对担保品享有质权的，则有权出售担保证券，用以弥补违约会员对结算公司的欠款。

（2）通过中央银行担保方式履行保证金义务的，结算会员违约时，该央行应按照以下方式替会员履行义务：

①清算公司向中央银行正式请求支付流动性资金，包括违约声明以及需要支付的数量；

②请求支付的流动性资金不得超过违约结算会员需要支付的

① 上海期货交易所“境外期货法制研究”课题组：《美国期货市场法律规范研究》，北京：中国金融出版社2007年版。

数额；

③中央银行将相应数额的现金转让给清算公司。

（二）洲际交易所（ICE）

洲际交易所对所有非现金抵押品存入的第三方托管账户，又称为“抵押品账户”（Pledged Collateral Account）。清算所最多可为单个清算会员的能源类合约开立6个托管账户：1个自营账户（用于存入自营业务保证金）、最多4个客户账户（客户业务保证金）、1个担保基金账户；为单个清算会员的CDS合约另外多开立2个账户：1个CDS自营账户、1个CDS担保基金账户。保证金及担保基金抵押品将存入对应账户。在收益部分，ICE欧洲清算所对所缴纳的现金抵押品按欧元隔夜拆借平均指数利率（EONIA）计息，每月付息一次；对非现金抵押品不收取额外的存放费用。由于不同资产类别的收益不同，每月第四个工作日起，清算所客户可通过清算服务系统（ECS，Extensible Clearing Services）图形界面查询到上月所缴抵押品的累计收益。会员缴纳为保证金及担保基金的现金及抵押品仍为会员所有，清算所会将期间内抵押品产生的收益及赎回收益（如债券到期还本付息）付还给清算会员。目前，欧洲清算所下的托管机构包括布朗兄弟哈里曼公司、摩根大通银行、蒙特利尔哈里斯银行，清算会员必须向ICE美国清算所指定这三家托管银行之一来存放其保证金证券。①

① 肖成：《中国期货市场前沿问题研究》，上海：上海财经大学出版社2005年版。

第四节

中国台湾地区

一、台湾期货市场中有价证券充抵保证金业务

（一）台湾期货交易所概况

台湾期货交易所（简称“台期所”）目前总计上市 18 项产品，包括股价指数期货类、股价指数选择权类、利率期货类、个股期货类、个股选择权类及商品类六大类商品。2013 年，总交易量为 1.53 亿手，日均交易量为 62 万手，较 2012 年总交易量 1.57 亿手微幅减少。所有产品中，以台指选择权交易最为活跃，2013 年总交易量为 1.09 亿手，占全市场交易量超过七成。根据 Fow Tradedata 统计数据，台指选择权交易量在全球指数选择权交易量排名第 6；台股期货及小型台指期货交易量分别为 2 269 万手和 1 309 万手；股票期货则达到 545 万手，为台期所第四大主力产品。①

（二）台期所有价证券充抵保证金业务概况

2011 年 11 月 10 日，台期所正式实施有价证券充抵期货保证金制度，接收投资者以中央登录公债、外币计价国际债券、股票（含 ETF）充抵期货交易保证金。充抵期货保证金的有价证券经

① 数据来源于台湾期货交易所。

过价格折算后可以用于充抵所有产品的保证金。截至2014年6月30日，台期所结算保证金总额近300亿元新台币，其中投资者以有价证券充抵价值共计新台币17.06亿元，占结算保证金总额的比例为5.81%。从实践运行来看，以有价证券充抵期货保证金业务的投资者主要是法人用户，这一类用户本身就持有一定的有价证券，以有价证券充抵期货保证金有利于提高其资产使用效率，降低交易成本。但是，台湾期货市场是一个以散户为主的市场，普通散户投资者出于持有有价证券的成本、价格波动风险以及自身交易策略等因素考虑，大多数并未参与有价证券充抵期货保证金业务。总体来看，台期所的保证金总额中有价证券的充抵比例并不高。①

二、台期所有价证券充抵保证金业务制度

（一）可充抵的有价证券种类

交易人以有价证券抵缴保证金制度使交易人得以用有价证券抵缴保证金，可以降低交易人资金成本，提升资金运用效能。

根据台湾期货交易所的业务规则，结算会员办理有价证券抵缴保证金业务时，其有价证券种类以及抵缴的有价证券占应缴保证金总额的比例（简称“抵缴比例”）按照主管机关规定办理。期货商办理有价证券抵缴保证金业务时，其有价证券种类按照主管机关规定办理；抵缴比例由交易所制定并报主管机关核定后公告。有价证券的收取标准、折扣比率、评价价值及单一有价证券缴交上限等相关事项，由交易所根据该有价证券交易市场波动程度及风险等因素拟订，并报经主管机关核定后公告。

① http：//www.taifex.com.tw/chinese/index.asp，2014年6月10日访问。

除现金之外，台期所接收的充抵保证金的有价证券种类包括中央登录公债、外币计价国际债券及股票三大类。中央登录公债应为无实体形式的记账式公债，具体发行期别、到期年限、付息次数不作要求，截至2014年6月30日共有95种符合要求的中央登录公债可充抵期货保证金。外币计价国际债券为按照台湾证券柜台买卖中心外币计价国际债券管理规则第三条规定的国际债券。截至2014年6月30日共有19种外币计价国际债券符合要求。按照台湾柜台买卖中心规则，上述国际债券应符合以下条件：一是经台湾“金融监督管理委员会”依“台湾证券交易法”第二十二条第一项核定的国际组织债券及境外发行人发行的普通公司债；二是台湾发行人及第一上柜（市）公司募集与发行的普通公司债及境外普通公司债或私募的普通公司债；三是台湾发行人及第一上柜（市）公司募集与发行的转换公司债、境外转换公司债、附认股权公司债及境外附认股权公司债；四是已参与发行台湾存托凭证上市或上柜的境外发行人募集与发行的转换公司债及附认股权公司债；五是台湾金融机构募集与发行的金融债券及境外金融债券；六是非属第一上柜（市）公司及兴柜公司的境外发行人于台湾募集与发行的普通公司债或私募的普通公司债；七是非属第一上柜（市）公司及兴柜公司的境外发行人于境外发行并由台湾国际金融业务分行或国际证券业务分公司全数销售的普通公司债；八是兴柜公司的境外发行人募集与发行的境外普通公司债；九是兴柜公司的境外发行人募集与发行的境外转换公司债及境外附认股权公司债；十是其他符合柜台买卖中心认定条件的发行人所发行的人民币计价普通公司债。股票包括台期所股票期货及选择权合约的标的证券，台湾证券交易所台湾五十指数成分股、元大宝来台湾卓越五十证券投资信托基金，截至2014年6月30日共265种股票和基金符合条件（见表2-5）。①

① 相关信息来源于中国金融期货交易所赴台湾调研报告。

表 2－5　　台湾期交所可接受担保品种类

	有价证券	标的内容说明
抵缴种类	中央登陆公债	以登记形式发行指无实体公债（至 1997 年 10 月 1 日约 78 期）；分割公债不列入
	外币计价国际债券	于柜买中心交易的外币计价债券目前有 Deutsche Bank AG（德商德意志银行发行）及 BNP Paribas AUD（法国巴黎银行发行）等 2 种国际债
	股票	证交所台湾 50 指数之成分股及股票选择权之标的证券（至 1997 年 10 月 1 日有 57 档上市股票）

数据来源：台湾期货交易所。

期交所交易系统于每一营业日下午 4 时以及期交所网站于每一营业日下午 5 时，公布次一营业日可用于办理抵缴保证金的有价证券种类，交易人或期货商可到期交所网站查询。交易人原已办理抵缴的有价证券，若遇期交所已将其调整为非抵缴标的时，期交所除事先公告调整讯息外，并请期货商通知交易人在停止该有价证券办理抵缴保证金之前一营业日前，办理更换领取事宜；若交易人未办理更换领取时，自停止该有价证券办理抵缴保证金日起，即不再以该有价证券计算抵缴金额，并暂时将该有价证券留置于期交所或期货商抵缴专户内，待交易人申请领取。

台期所规定有价证券充抵保证金的金额不得超过结算保证金总额的 50%。期货公司向客户收取的保证金以及结算会员向期货公司收取的保证金中有价证券比例不得超过 50%。为防止充抵保证金的单一有价证券过度集中，台期所规定了单一有价证券的充抵上限。其中，中央登录公债不设充抵上限；外币计价国际债券充抵的总额不得超过该期国际债券发行额的 20%，发行额以前一营业日为基准，若该债券是分期还本的，其发行额按照剩余本金计算；股票充抵的总额不得超过该股票发行股数的 10%，股数以前一营业日为基准。若有价证券缴存总量已达上限标准时，该有价证券为股票或国际债券的，交易人至证券商办理划拨转账时，即由拨转系统予以退回申请；该有价证券为中央登录公债的，于拨入期交所抵缴专户后，期交所将通知期货商转知交易人退回其申请，并将该中央登录公债拨回交易人账户。期交所交易系统于每一营业日下午4时，及期交所网站于每一营业日下午5时，公布次一营业日单一有价证券之抵缴上限及剩余可办理抵缴余额之相关数据，交易人或期货商可至期交所网站查询。

有价证券为股票或债券的，遇股票的停止过户日、债券的到期日或分期还本日（含）前5个营业日起，期货商、结算会员应改以现金或其他有价证券缴交保证金，期货商应通知客户办理更换领取事宜，并不得再受理该股票办理抵缴保证金。客户未办理领回者，若客户现金保证金足够时，由交易所或期货商于前一个营业日，将该证券拨入该客户账户；若客户现金保证金不足时，由交易所或期货商将到期或分期还本入账金额作为其缴交的现金保证金。①

（二）担保品的缴存

台期所在台湾集中保管结算股份有限公司和六家清算银行分别开设了抵缴保证金专户，抵缴保证金的有价证券必须缴存至台期所有价证券抵缴专户。期货商应在主管机关指定的机构开设有价证券抵缴保证金专户。有价证券的抵缴和提取有两种形式：第一种方式由客户将有价证券直接缴存至台期所抵缴专户（以下称为“方案一”），该有价证券仅能够抵缴客户自身持仓或新增委托所需保证金；第二种方式客户先将有价证券缴存至期货公司抵缴专户，再由期货公司抵缴专户转缴存至台期所抵缴专户（以下称为“方案二”），该有价证券由期货公司、结算会员运用，用于抵

① 相关信息来源于中国金融期货交易所赴台湾调研报告。

缴结算会员的保证金。方案二下，期货商必须成为集保参与人，开立集保抵缴专户和清算银行公债抵缴专户。从台期所业务实践开看，目前参与有价证券充抵保证金业务的交易人都选择了方案一。

1. 有价证券的账户管理体系

投资者参与有价证券充抵保证金业务应与期货商签订相关协议，并由期货商完成向台期所相关申报后方可开始办理有价证券充抵保证金业务。协议的内容主要包括：一是约定有价证券所生孳息、红利或其他利益的权利归属。二是约定有价证券充抵保证金的使用范围，投资者可以选择仅同意有价证券作为充抵投资者自身持仓所需保证金或作为自身新增持仓所需保证金，也可以选择同意由期货商及其委托结算会员使用，作为结算会员充抵所有持仓保证金使用。三是约定期货交易人提领有价证券及划付公债孳息的划转账户。四是约定期货商及台期所对充抵保证金的有价证券提取和处分权。以股票和国际债券充抵保证金的，期货交易人应通过证券商在集保开立证券账户，已有集保账户的交易人可使用已开立的账户，无需再行开立其他集保账户；以中央登录公债充抵保证金的，期货交易人应在清算银行开立公债账户，已有公债账户的交易人可使用已开立的账户，无需再行开立其他公债账户。①

期货商的账户开立根据其开展有价证券所选择的方案有所不同，选择方案一的期货商无需开立抵缴专户。选择方案二的期货商需要成为集报参加人或至清算银行开立抵缴专户，抵缴专户名称应标明“有价证券抵缴保证金专户”字样，期货商应在营业场所明显处公告公债抵缴专户，期货商完成向台期所申报抵缴专户开立事宜后，方可开展方案二的有价证券充抵保证金业务。

① 相关信息来源于中国金融期货交易所赴台湾调研报告。

2. 有价证券的缴存和提取

交易人以公债办理抵缴时，采用方案一的，应于清算银行作业时间内至清算银行营业处所，将公债汇拨到台期所在规定清算银行开设户名账户内；采用方案二的，应于清算银行作业时间内至清算银行营业处所，将公债汇拨到期货商在期交所指定的清算银行（与期交所开设抵缴专户的清算银行相同）开设的专用账户内。

交易人以股票和国际债券办理抵缴，采用方案一的，应于受托证券公司作业时间内至券商营业处所，填写有价证券抵缴转账申请书，将股票和国际债券划拨到台期所在集保开设户名账户内；采用方案二的，应于受托证券公司作业时间内至券商营业处所，填写有价证券抵缴转账申请书，将股票和国际债券划拨到期货商在集保开设户名为“有价证券抵缴保证金专户”的专用账户内。

有价证券的提领通过电脑系统向交易所提出申请，期货公司必须经结算会员同意于每一交易日下午14：00前，通过电脑系统向交易所提出有价证券提领申请，交易在确认该结算会员的权益大于其所需保证金后，接受申请。客户直接缴存的有价证券，交易所分别于每一营业日上午9点、11点及下午2点将该有价证券拨入客户申报账户；通过期货公司缴存的有价证券，交易所分别于每一营业日上午9时、11时及下午2时将该有价证券拨入该期货公司抵缴专户，期货公司应立即将该有价证券拨入客户申报账户。①

3. 有价证券缴存的最小单位

交易人以有价证券办理抵缴保证金业务时，缴纳的有价证券

① 相关信息来源于中国金融期货交易所赴台湾调研报告。

应满足最小单位要求，交易人缴存的有价证券应为最小单位的整数倍。中央登录公债的缴存最小单位为新台币 10 万元；国际债券中，德意志银行发行债券的缴存最小单位为 1 万美元，巴黎银行发行债券的缴存最小单位为 1 万澳元；股票的缴存最小单位为 1000 股。

（三）有价证券的估值

有价证券的折扣比率及估值计算如下：

第一，中央登录公债按照证券机构买卖中心成交系统前一交易日加权平均价作为市价；若无市价则采用理论价格，以 5% 折扣比率扣减后，作为评估价值。

第二，国际债券按照证券机构买卖中心成交系统前一交易日加权平均价作为市价；若无市价则采用最近成交日的市价，以 10% 折扣比率扣减后，作为评估价值。

第三，股票盘中按当日证券市场开盘价，盘后按当日证券市场收盘价，以 30% 折扣比率折减后，作为评估价值。

（四）有价证券的权益处理

1. 中央登录公债的权益处理

按照规定公债的付息划入抵缴专户的所有人，因此交易人充抵保证金的公债利息由抵缴专户所有人代收转付。采用方案一的交易人，台期所于公债付息日之前一日，根据交易人存券的明细资料计算利息，并根据交易人的扣缴税率支付利息给交易人（交易人身份码为 A 和 J 的扣缴税率为 20%，其他交易人扣缴税率为 10%），台期所为扣缴义务人并向交易人代扣缴税额。采用方案二的交易人，台期所于公债付息日之前一日，根据期货商存券的明细资料计算利息，并根据扣缴税率 10% 支付利息给期货商，期货商根据交易人的存券资料及扣缴税率计算利息，并支付利息给交易人，期货商为扣缴义务人，并向交易人代扣缴税额。

公债的到期或分期还本前（含）5个营业日起，台期所通知期货商（结算会员），要求其通知交易人改以现金或其他有价证券缴交保证金，并办理将到期债券领回手续，同时自即日起台期所不再受理该公债的抵缴。至前1个营业日期货商尚未办理领回处理的，期货交易人现金保证金充足时，台期所或期货商直接将相关公债划回交易人的清算银行公债账户；期货交易人现金保证金不足时，台期所或期货商将公债还本入账的金额作为缴交现金保证金。①

2. 国际债券的权益处理

国际债券的付息由抵缴专户的所有人直接将名册发送发行公司，孳息直接划入交易人账户，无转付孳息及代扣税处理。对于国际债券的到期还本，台期所于到期日前（含）5个营业日起，通知期货商（结算会员），要求其通知交易人改以现金或其他有价证券缴交保证金，并办理将到期债券领回手续，同时自即日起台期所不再受理该债券的抵缴。至前一营业日期货商尚未办理领回处理的，台期所直接将相关债券划回交易人（方案一）或期货商（方案二）的集保账户。②

3. 股票的权益处理

股票的孳息由抵缴专户的所有人直接将名册发送发行公司，孳息直接划入交易人账户，无转付孳息及代扣税处理。遇到股票过户情形，发行公司停止过户前一营业日，台期所编制交易人存券明细的过户清册，并委托集保公司代办理股票过户；期货商根据抵缴专户内的存券资料编制交易人的过户清册，并委托集保公

① 相关信息来源于中国金融期货交易所赴台湾调研报告。

② 同上。

司代办理股票过户。遇到股票下市等事项，台期所于股票停止过户日前五个营业日，通知期货商（结算会员）要求其通知交易人改以现金或其他有价证券缴交保证金，并办理提回手续，同时不再受理该股票充抵保证金。至该股票停止过户日前一营业日交易人尚未办理领回的，台期所直接将相关股票划入交易人的集保账户。

（五）有价证券的违约处置

以有价证券充抵保证金的，该有价证券即为交易的履约担保。期货交易人的保证金维持率低于期货商要求，并经通知追缴保证金未予补足，期货商强平后权益仍为负数的，期货商对于该交易人所缴存的有价证券有权进行处分，所得价款用于清偿交易人的违约债务。期货交易人同意其有价证券由期货商运用，作为向台期所抵缴其他交易人持仓所需保证金的，遇到其他交易人违约导致结算会员违约时，台期所有权处置该交易人缴存的有价证券，所得价款用于清偿结算会员的违约债务。

违约证券处置通过专设处分专户进行。期货商开展有价证券充抵保证金业务时需要开立处分专户。采用方案一的交易人，经台期所审核符合规定后，台期所将交易人的有价证券由台期所抵缴专户转入期货商的处分专户，期货商通过处分专户处置相关证券。采用方案二的交易人，期货商将交易人的有价证券由期货商的抵缴专户转入期货商的处分专户，或直接由台期所抵缴专户转入期货商的处分专户，期货商通过处分专户处置相关证券。

（六）有价证券充抵保证金管理费

有价证券充抵保证金业务的管理费包括三项：一是账户管理费，根据交易人的充抵金额按照年率 0.1% 收取；二是拨转手续费，按照有价证券的存入和提取按笔收取，每笔 25 元新台币；三是代收转付费，按照集保公司及清算银行的有关规定收取。为推动有价证券充抵保证金业务开展，台期所在业务开展初期免收了账户管理费和拨转手续费（见表2－6）。①

表2－6　有价证券充抵保证金管理费标准

项目	方案一	方案二
账户管理费 （依抵缴金额） （每月计算1次）	年费率0.1%	年费率0.1%
拨转手续费（单位：每笔，存入/提领笔数计收） （每月计算1次）	新台币25元	新台币25元
代收转付费 （每月计算1次）	按集保结算所及清算银行规定收费	按集保结算所及清算银行规定收费

资料来源：台湾期货交易所。

三、台湾证券市场的担保品管理业务

台湾证券交易所（简称“台交所”）也广泛开展有价证券的担保品业务，允许投资者以国债、股票等有价证券作为担保或保证金，开展相关的证券融资和衍生品交易。其中，最有代表性、业务量较大的是有价证券借贷交易。②

有价证券借贷交易，是指出借人同意将有价证券出借，并由借券人以相同种类数量有价证券返还的行为。出借人出借有价证券需要向借券人收取借券费用，而借券人需要提供有价证券作为担保。台交所的有价证券借贷交易分为定价交易、竞价交易和议

① 台湾期货交易所网站：http：//www.taifex.com.tw/chinese/index.asp，2014年6月10日访问。

② 信息来源：http：//wwwc.twse.com.tw/ch/index.php，2014年5月6日访问。

借交易三种。定价交易和竞价交易自撮合成交时起，由台交所担任借贷双方之借贷相对人，并负责通知证券集保公司办理借贷标的有价证券（简称“标的证券”）收付、借券担保品收存、洗价、返还及权益补偿等事宜。而对于议借交易，台交所不负有担保借贷契约履行或履约保证的责任，并由借贷双方自行处理借券担保品的收存、洗价及返还等事宜，台交所仅在确认输入交易所借券系统的出借成交申报与借券成交申报的借贷条件一致时，负责通知证券集保公司办理标的证券之交付、返还及证券权益补偿的账簿划拨等事宜。

（一）可接受的担保品

借券人委托证券商为定价、竞价交易进行借券申报时，应依规定提供足额可接受的担保品，其可接受的担保品如下：

第一，现金。以新台币为限。但特定境外及外国机构投资人及证券商、证券金融公司之证券借贷专户需以美元为担保品。

第二，担保证券：仅限于可用于融资融券交易的有价证券。

第三，银行保证。

第四，中央登录公债。

对于所有担保品，台交所将视其市场流动性与风险状况拒绝接受；已接受其为借券担保者，则通知借券人更换担保品。

而对于议借交易，借券人与出借人双方自行议定有价证券种类、数量、借券费率、借贷期限、担保品种类、条件、权益补偿方式等借贷条件，并签订《有价证券借贷议借交易契约》，由借券人提供担保品给出借人。①

① 信息来源：http：//wwwc. twse. com. tw/ch/index. php，2014 年 5 月 6 日访问。

（二）担保品的缴存和领回

借券人申请借券时，应经由证券商到台交所的借券系统输入借贷账号、有价证券名称、数量、还券日期、成交费率等相关数据，同时输入现金、中央登录公债以外的上市上柜有价证券（简称“上市上柜有价证券”）、中央登录公债及银行保证之担保品明细资料。

借券人提交现金担保品时，由借券人自行汇拨存入台交所指定的银行虚拟账户，并委托证券商经由台交所借券系统输入担保品申报内容。汇入同一借券账户的现金担保品，借券人需自行指定额度，提供其不同借券申请使用。借券人申请开户时，应指定一个银行账户，并由台交所赋予一个虚拟账户，凡现金担保品之提交均应通过该虚拟账户进行。

借券人提交上市上柜有价证券担保品时，经证券商输入上市上柜有价证券名称及数量后，由台交所通知证券集中保管公司拨入台交所的证券担保品账户。上市上柜有价证券之数量应为交易单位之整倍数。

借券人提交银行保证担保时，应先行向银行办妥保证手续后，经由证券商向台交所申请，将保证书正本交付台交所，由台交所输入银行名称、保证金额及到期日后，才可作为借券申请使用。同一借券账户若提交了多张银行保证书，借券人需自行指定额度，提供其不同借券申请使用。银行保证书届到期日前二个营业日起即不得作为担保，多张银行保证书到期日各不相同时，以最近之到期日为准。银行保证以新台币为货币。

借券人提交中央登录公债担保者应设定质权登记，经由清算银行办理限制性移转登记后，拨入台交所再指定清算银行的登录公债账户。经台交所输入公债代码、面额、到期日，提供证券商中央登录公债序号后，方可作为借券申请使用。借券人可以多种中央登录公债合并为一笔担保，由台交所给予一个中央登录公债序号，或者以一种中央登录公债拆分为多笔担保，给予多个中央登录公债序号。中央登录公债之到期日应涵盖还券日期，若以多种中央登录公债合并为一笔担保，其到期日各不相同时，以最近之到期日为准。

借券人可以在借券期间申请增加、减少或更换不同种类的担保品。借券人经由证券商透过台交所借券系统更换担保品，需先提交额外担保品后，再申请领回原先提交的等值担保品。台交所在借券人申请领回当日制定担保品退还相关报表以退还担保品，其退还方式如下：(1) 现金：次一营业日直接划拨存入借券人的银行账户；(2) 上市上柜有价证券：当日或次一营业日通知证券集中保管公司拨入借券人的有价证券集中保管账户；(3) 银行保证：次一营业日将保证文件正本退还借券人；(4) 中央登录公债：当日或次一营业日办理涂销设定质权登记，由清算银行办理限制性移转登记涂销后，拨入借券人指定清算银行的登录公债账户。①

（三）担保品的估值

借券人委托证券商为定价、竞价交易之借券申报时，应提交相当于标的证券当日开盘竞价基准或开始交易基准价乘申报数量，再乘以原始担保比率（140%）的担保品至台交所，并自借贷交易成交当日起，逐日依照当日收盘价计算各笔借券担保品抵缴价值总额减去相关借券费用后的余额，与其标的证券价值总额加现金股利总额的比率，如计算得到的比率低于担保维持率（120%），借券人在接获证券商转告的台交所通知后，应于下一营业日补缴担保品，使担保品抵缴价值回复至原始担保比率。担保品抵缴价值总额等于担保证券当日收盘价乘以数量及其折价比率、中央登录公债面额乘以数量及其折价比率、现金担保总额，

① 信息来源：http：//wwwc. twse. com. tw/ch/index. php，2014 年 5 月 6 日访问。

及银行保证总额等担保品价值的合计数。担保证券遇有除权或除息交易时，于除权息交易日之前三个营业日，除现金增资者外，以各当日收盘价扣减除息值或除权值之后的余额作为基准计算其抵缴价值。若某一担保品无当日收盘价格，依下列原则决定其价格，并计算其抵缴价值：（1）当日收盘时，最高买进申报价格高于当日开盘竞价基准或开始交易基准价，则为该最高买进申报价格；（2）当日收盘时，最低卖出申报价格低于当日开盘竞价基准或开始交易基准价，则为该最低卖出申报价格；（3）上述情形不成立时，则为当日开盘竞价基准或开始交易基准价。

担保证券的折价比率如下：上市有价证券为七折，上柜有价证券为六折；中央登录公债之折价比率为九折。台交所得视其市场流动性与风险状况调整之。

对于议借交易，其担保品条件及担保品比率，由出借人与借券人双方自行议定并提供之。

（四）担保品的利息

对于定价交易及竞价交易中由借券人的现金类担保品产生的利息，其利率依台交所往来银行活期存款利率计算，并由台交所支付给借券人。若在现金担保品抵缴期间，出现利率调整的情况，利率经调整后，借贷交易中尚未了结的现金担保品部分，自调整之日起，按调整后的利率计算收付。

定价交易及竞价交易中出借人因出借标的证券而应取得的股息、红利或其他利益等，借券人应经由证券商透过台交所借券系统，依下列方式偿还出借人：

1. 现金权益

台交所于发放日的5个营业日前经由证券商通知借券人；借券人于发放当日经由证券商将现金存入证交所指定银行账户，并由证券商将权益返还明细输入台交所借券系统，台交所确认无误后，于当日或次一营业日经由证券商转付给出借人。

2. 有价证券权益

台交所于最后过户日后经由证券商通知出借人，出借人在台交所发出通知当日起3个营业日内，将其选择以有价证券或等值现金归还的相关信息输入台交所借券系统内，台交所经由证券商通知借券人；借券人归还有价证券必须在发放日起3个营业日内，经由证券商透过台交所借券系统通知证券集保公司，从借券人的证券集保账户中拨付给出借人；若归还等值之现金，则应以除权参考价计算金额，于发放日依照现金权益处理方式归还。

3. 新发行有价证券认购权利

台交所于新发行有价证券认购期限届满前5个营业日，经由证券商通知出借人，出借人应于认购期限届满前3个营业日经由证券商向台交所表示认购意思，并将价款经由证券商存入台交所指定银行账户，由台交所借券系统透过证券商转交借券人代为认购或于市场补回；台交所于新发行有价证券发放日起3个营业日前经由证券商通知借券人，借券人必须在发放日起3个营业日内，经由证券商透过台交所借券系统通知证券集保公司，从借券人的证券集保账户中拨付出借人；若出借人逾期或未表示认购意思，或表明认购意思后未于规定期限内缴交认购价款，即视同放弃新股认购权利。

议借交易出借人因出借有价证券而未取得的现金权益、有价证券权益、新发行有价证券认购权利以及股权的行使等权益，由借券人与出借人双方自行议定处理。①

① 信息来源：http：//wwwc. twse. com. tw/ch/index. php，2014年5月6日访问。

第五节

中国香港地区

一、香港地区的政府债券计划

政府债券计划是香港特别行政区政府为发展香港的本地债券市场而推出的措施，即区政府的代表负责统筹债券发行工作，并管理在计划下筹集到的款项的投资。政府债券计划包括机构债券发行计划及零售债券发行计划。香港特区政府委任认可交易商及第一市场交易商（交易商主要为国际金融机构）协助推出政府债券计划下的机构债券发行计划；而为提高投资者对本港债券市场的意识，香港特区政府设立零售债券发行计划，向香港的公众人士发行零售债券。

在香港市场，外汇基金票据及债券以及符合条件的私营机构债券，都是经由香港金融管理局（简称“金管局”）债务工具中央结算系统的计算机结算和交收设施进行结算。金管局在1990年设立债务工具中央结算系统（CMU系统），为外汇基金票据及债券提供电脑化结算交收服务。1993年12月，金管局将这项服务推扩至其他港元债券，为港元债券提供高效率、安全及方便的结算托管系统。自1994年12月起，CMU系统逐步与区内及国际系统建立联网，藉此让海外投资者参与港元债券市场，有助向海外投资者推广港元债券。①

CMU系统在1996年1月将服务进一步推扩至非港元债券，

① 文宗瑜：《证券场外交易的理论与实践》，北京：人民出版社1998年版。

并于1996年12月与港元即时支付结算系统（RTGS系统）联网，为系统成员提供即时及日终货银两讫（DVP）结算服务。其后，CMU系统又分别于2000年12月、2003年4月及2006年3月与美元、欧元及人民币RTGS系统联网，为债券提供即时DVP结算服务，并为香港的美元及欧元支付结算系统提供即日及隔夜回购设施。

CMU系统除了为其成员提供证券转拨服务外，其服务范围亦包括以下各项：抵押品管理系统；证券借贷服务；外汇基金票据及债券的市场庄家制度；外汇基金票据及债券发行计划；作为政府债券及公营机构发行的债券的经办人、托管人、代理及营运机构；为存放于CMU系统的所有港元、美元、欧元及人民币债券提供即时及日终DVP结算服务；透过区内中央证券托管机构及国际中央证券托管机构进行跨境DVP结算交收以及其他托管服务。①

二、香港地区市场担保品充抵交易保证金业务

（一）可接受的担保品

在可接受的抵押品类型的选择上，香港交易及结算所有限公司（简称“港交所”）主要考虑的因素包括：抵押品的流通性、可信性以及交收的便利性。港交所的期货结算公司及联交所期权结算所接纳不同种类的现金及非现金抵押品，让结算参与者根据其资金需要履行缴付保证金的责任。目前，港交所可接受的抵押品种类有：本币及非本币现金、银行担保、债券、股票四大类，其适用范围如表2-7所示。

① http：//www.hkex.com.hk/eng/index.htm，2014年3月8日访问。

表 2－7　　港交所可接受担保品种类

认可抵押品		期货结算公司	联交所期权结算所
现金	港元	√	√
	欧元	√	√
	日元	√	√
	人民币	√	√
	美元	√	√
银行担保		√	√
外汇基金票据及债券		√	√
美国政府国库票据及债券		√	
股票抵押品			√

资料来源：香港证券交易所官网。

结算参与者每个抵押品账户中用作担保保证金责任的结算货币现金不可低于指定的最低水平。目前规定的水平是至少 50% 的保证金必须以结算货币现金支付。在结算参与者存放的抵押品有盈余的情况下，各类的抵押品将会按既定的先后次序使用，保证金要求将首先以现金抵押品中的结算货币支付，继而以结算货币以外的任何认可货币作抵押，最后才使用非现金抵押品。但是，任何交易而产生的亏损，包括结欠款项及变价调整，必须以结算货币现金结算。

（二）担保品缴存

香港期货结算有限公司（简称“期货结算公司”）及香港联合交易所期权结算有限公司（简称“联交所期权结算所”）皆透过共同抵押品管理系统（CCMS），提供抵押品管理服务。结算参与者可透过共同抵押品管理系统（CCMS），存入已获期货结算公司/联交所期权结算所接纳的抵押品，并于既定的抵押品政策下履行缴付按金责任。结算所会在相关中央结算公司开立抵押品账户，结算会员利用抵押品充抵保证金或者担保金时，需要将其抵押品过户到结算公司开立的账户。

1. 结算货币现金

期货结算公司可不经结算参与者事先同意，将超出结算参与者的结算所保证金责任所需的结算货币现金结余，自动用作担保该期货结算参与者其后所增加的保证金责任。期货结算参与者如要向结算公司存入现金作为结算所保证金责任的额外担保或作为结欠款项的担保，必须通过共同抵押品管理系统终端机输入存放指令，而存入的款项将随即从期货结算参与者的直接扣除保证金系统的银行账户中扣除。期货结算参与者须确保其直接扣除保证金系统的银行账户存有足够款项以作扣款用途。

2. 结算货币以外的认可货币

在结算所事先同意的情况下，结算参与者可向结算公司存入结算货币以外的认可货币现金；或以另一种不同货币单位为结算货币的合约的盈余，作为其结算所保证金责任的担保，但该现金存款或盈余将不能用作缴付结欠款项或变价调整。期货结算公司可不时规定期货结算参与者可提供的认可货币类别。期货结算公司参与者如要存入结算货币以外的认可货币现金，必须在上午11时或之前以书面或期货结算公司接纳的其他方式通知期货结算公司。

3. 认可的银行担保

期货结算参与者可以期货结算公司认可的持牌银行及根据期货结算公司不时指定的形式所提供的一张或多张银行担保作为结算公司保证金责任的担保。然而，期货结算公司可全权厘定以该形式作担保的期货结算参与者结算公司保证金责任的最高金额。期货结算公司保留权利以便随时增加或减小认可持牌银行的数目以及厘定每间持牌银行可提供担保的最高金额。因此，期货结算参与者于存入银行担保前必须先取得期货结算公司的批准。若任何持牌银行持有或控制（不论是直接或间接）结算参与者 20% 或以上的已发行股本或投票权，或期货结算公司确切认为该持牌银行与有关期货结算参与者有密切联系或关系，则期货结算公司将不会接纳该持牌银行提供的任何银行担保。在任何情况下，期货结算参与者如要采用银行担保，必须最少提前一个银行营业日通知期货公司并通过共同抵押品管理系统终端机输入存放指示。

4. 外汇基金票据和债券

期货结算参与者可向期货结算公司存入香港特别行政区政府就外汇基金发行的外汇基金票据和债券，作为结算所保证金责任的担保。结算公司有权制定以该形式作担保的期货结算参与者结算所保证金责任的最高金额。

期货结算参与者如要存入外汇基金票据和债券作为结算公司保证金要求的担保，必须事先通过共同抵押品管理系统终端机输入存放指令以通知期货结算公司，并通过其认可交易商将有关外汇基金票据和债券转移至结算公司在香港金融管理局的账户。期货结算公司在收到金融管理局确认有关外汇基金票据和债券已存入后，才接纳以有关外汇基金票据和债券作为结算公司保证金责任的担保。

期货结算参与者可通过其客户直接存入外币基金票据和债券，以履行其结算公司保证金责任，但该期货结算参与者须事先通知结算公司有关直接存放的详细清单。当收到有关的直接存放后，期货结算公司会更新该结算参与者的共同抵押品管理系统抵押品账户资料。

期货结算参与者有权于任何营业日上午 9 时至上午 11 时期间通过向期货结算公司输入指令，存入（包括自行存入或经其客户直接存放）价值超出其结算公司保证金责任所需的外汇基金票据和债券，或提取有关外汇基金票据和债券。期货结算参与者必须在上午 11 时或之前（或金融管理局规定的其他时间）将外汇基金票据和债券存入期货结算公司在金融管理局的账户内，有关的外汇基金票据和债券方能在同日记账。

期货结算公司在收到期货结算参与者的明确指令后，会将外汇基金票据和债券转移至该期货结算参与者的账户，或该期货结算参与者可能指定的其他账户（必须向期货结算公司确认该账户的持有人是其客户）。期货结算公司按此方式转移的任何外汇基金票据和债券，应视为已转移至该期货结算参与者的账户并已履行期货结算公司对有关期货结算参与者的任何责任。

就期货结算参与者提供的外汇基金票据和债券所产生的任何利息款项，或在到期日计入期货结算公司的赎回款项，将会被记入期货结算参与者在期货结算公司的共同抵押品管理系统抵押品账户内。

5. 美国政府国库票据及债券

期货结算参与者可存入美国政府国库票据或债券以缴付结算公司保证金责任。期货结算公司可全权厘定以此形式作担保的期货结算参与者结算公司保证金责任的最高金额。

期货结算参与者如要存入或提取美国政府债券，必须在上午 11 时或之前通过共同抵押品管理系统终端机输入存放或提取指令以通知期货结算公司。期货结算公司收到该通知后，将在实际可行情况下尽快处理该存放或提取指示。任何美国政府债券的存放须经期货结算公司在其不时批准的任何银行或存管处开立的账户进行。期货结算公司在收到认可银行或存管处的转移确认后，方会更新期货结算参与者的共同抵押品管理系统抵押品账户，并接纳以美国政府债券作为结算公司保证金责任的担保。

期货结算参与者可通过其客户直接存入美国政府债券以缴付其结算公司保证金责任，但期货结算参与者须事先通知期货结算公司有关直接存放的详细情况。期货结算公司收到该存入后，将会通知有关的期货结算参与者。

期货结算公司在收到期货结算参与者的明确指令后，会将美国政府债券转移至期货结算参与者的账户或期货结算参与者可能指定的其他户口（必须向期货结算所确认该账户的持有人是其客户）。

就期货结算参与者提供的美国政府债券所产生的任何利息款项，或在到期日计入期货结算所的赎回款项，将会被记入期货结算参与者在期货结算公司的共同抵押品管理系统抵押品账户内。若期货结算参与者的结算账户并非美元账户，则该利息款项或赎回款项将会记入期货结算参与者指定的其他银行账户内。①

（三）担保品估值

期货结算公司会定时以市价和相关的扣减率计算现存抵押品的价值，相关的扣减率由结算公司根据情况确定。对于结算货币之外的认可货币，期货结算公司每日根据当时市值及相应扣减率计算其价值。银行担保的价值为持牌银行所提供的银行担保中所注明的金额扣除相应的扣减率。外汇基金票据和债券的价值为金融管理局每个营业日公布的最后收市价值并扣除相应的扣减率。美国政府债券价值根据结算公司指定的香港境内美国银行于每个香港营业日结束时所提供的最后市值并扣除相应的扣减率。

在计算折扣率时不考虑抵押品的流动性，因为作为抵押品的前提条件就是要具有较高的流动性。港交所在计算抵押品折扣率时主要考虑抵押品价格在下一日的波动性，理由在于：结算所非实时对抵押品价值进行重新计算，一般只是每天调整一次抵押品价值，因此为了防范抵押品价值在下一日的贬值风险，要根据其价格日波动水平确定一个折扣率。

① http：//www. hkex. com. hk/eng/index. htm，2014 年 3 月 8 日访问。

折扣率的具体计算方法：是利用抵押品每日价格涨跌幅的90天简单移动平均（SMA）来进行，公式为：|平均波幅| +3×标准差。与保证金水平计算方式一样，为了避免频繁调整折扣率，港交所也会在波动率计算水平的基础上乘以一个保险系数（如1.2~1.3）来确定最终的折扣率。

若现金抵押品的货币并非合约的结算货币以及非现金抵押品中的货币并非合约的结算货币，则额外的扣减率将会应用于此非现金抵押品，具体以下的扣减率将适用，见表2－8。

表2－8　　港交所不同货币现金的扣减率

现金	扣减率
港元	0.5%
欧元	6%
日元	7%
人民币	1%
美元	0.5%

资料来源：香港证券交易所官网。

外汇基金票据和债券以及美国政府国库票据及债券适应以下扣减率，见表2－9。

表2－9　　港交所不同债券的扣减率

距离到期日	外汇基金票据和债券扣减率	美国政府国库票据及债券扣减率
少于1年	2%	1%
在1—5年间	3%	3%
多于5年	5%	5%

资料来源：香港证券交易所官网。

港交所每月定期对折扣率审核一次，并根据人为判断确定有无必要进行调整。与保证金水平不同，对于折扣率，港交所认为无临时调整的必要。

（四）担保品风险控制

港交所每日按照抵押品收市价对抵押品价值进行逐日盯市计算，以控制抵押品价值的风险。结算岗人员一般会通过路透等信息终端，在每日定时将相关抵押品的最新价格输入共同抵押品管理系统（如对于外币取上午 11：00 左右的汇率水平、香港外汇基金债券则取下午 4：00 的外汇基金债券收市价），并根据最新抵押品价格以及折扣率计算结算会员最新的抵押品价值。

如果某一日相关抵押品价格发生大幅波动，则结算岗人员会立即将相关抵押品最新价格输入共同抵押品管理系统，并根据最新抵押品价格以及折扣率计算结算会员最新的抵押品价值。若当日发生盘中追加保证金，则港交所会根据最新的抵押品价值计算盘中追加保证金数额；若当日未发生盘中追加保证金，则交易过程中对抵押品价值的调整还是将于当日正式计算后通过第二日早晨的资金划拨来实际生效。

由于结算会员利用抵押品充抵保证金或者担保金时，已将其抵押品过户到港交所账户，因此对于含息和具有到期日的债券，为了方便操作，港交所会每日关注该类抵押品的派息日和到期日，对于即将到期的债券，港交所会要求结算会员调换债券品种；对于即将派息的债券，港交所会要求结算会员调换债券品种，或者要求结算会员先提存债券，待结息后重新办理充抵手续。

（五）担保品的利息及融通费用

期货结算公司会以根据当前银行储蓄利率水平制定相应的利

率标准向结算货币现金结余部分支付利息。相反，若银行储蓄利率为负利率时，则结算参与者的账户会被扣减有关的利息。另外，结算公司保证金若以非现金抵押品作为担保，期货结算公司将向结算参与者存放的非现金抵押品收取融通费用，该费用的计算基准及比率由结算所确定。利息收入及融通费用均为自动计算，并会定期反映于结算参与者的抵押品管理系统账户内。①

第六节 巴　西

一、巴西证券交易所证券市场中的融券业务以及风险管理

相较于交易惨淡的债券回购业务，巴西证券交易所（简称“巴交所”）大量运用证券市场的融券业务，② 即投资者以资金或证券作为质押，向券商借入证券卖出，在约定的期限内，买入相同数量和品种的证券归还券商并支付相应的融券费用。投资者为了获取“融”得债券带来的使用权，就必须支付一定的费用提供担保，担保关系是整个融资融券交易过程中最核心的关系。具体来看，为了保证有效的信息公开，巴交所作为中央对手方，在证券市场上对国债抵押品集中登记和托管，采用质押业务模式进行处置证券融入方（借入方）将这些国债以自己（受益人）名义抵押并出质于交易所，而非直接过户给融出方（借出方），这与美

① http://www.hkex.com.hk/eng/index.htm，2014年3月8日访问。

② 巴交所网站：http://www.bmfbovespa.com.br/en-us/services/securities-lending-system/securities-lending-system.aspx? Idioma=en-us

国、日本、中国台湾地区和香港地区等以让与担保为主的融券业务模式有所不同。巴交所的融券业务主要受巴西国家货币委员会（CMN）和巴西证券委员会（CVM）裁决号441发布的第3539条决议①管辖。近期巴交所已成为了巴西唯一可以开展融券业务的机构。

巴西证券市场中以国债形式呈现的抵押品占比46.96%（见表2-10），这可能受到巴西国债利率水平较高的影响，交易所在抵押品管理中可以完全使用国债充抵。在担保品的管理过程中，为了防范质押期间国债的价格波动风险，巴交所一般采用逐日盯市制度，即按照国债的市场价格对其进行实时计价，每日对充抵债券的价值进行动态评估，强化风险管理。此外，根据国债的不同种类（LTN、LFT、NTN-B、NTN-F②）和到期日近远分别制定了相应的最低折扣率标准，基本均维持在4%之内，该稳健的方式既能覆盖质押期间国债的价格波动风险，也能保证足够的流动性（见表2-11）。若借入方发生违约的情况，则必须向交易所和借出方分别支付一定的违约金。此外，交易所还对抵押品产生控制权。

表2-10　证券市场抵押品占比（截至2014年2月25日）

抵押品种类	抵押品金额（USD）	占比（%）
巴西国债	15 992 672. 804. 16	46. 96
股票	9 097 684 098. 17	26. 72
股票—融券	7 384 200 665. 50	21. 68
国际债券	827 163 149. 10	2. 43
信用证	463 563 469. 28	1. 36

① 巴西国家货币委员会（CMN）和巴西证券委员会（CVM）裁决号441发布的第3539条决议制定于2008年2月28日，修订于2006年11月10日。

② 国债的分类可参考巴西国库网站：http：//www3. tesouro. fazenda. gov. br/english/public_ debt/treasury_ direct. asp。

续表

抵押品种类	抵押品金额（USD）	占比（%）
现金	102 005 285. 50	0. 3
银行存款单（CDs）	93 458 152. 53	0. 27
红利	89 462 761. 72	0. 26
黄金	1 982 194. 68	0. 01
利润	711 360. 58	0
共同基金	—	0
汇总	34 052 903 941. 22	100

资料来源：巴西证券期货交易所网站。

表 2－11　证券市场国债抵押品最低折扣率标准

SELIC 编码	种类	到期日	折扣率（%）
760198	NTN－B	2005 年 5 月 15 日	1. 37
950199	NTN－F	2007 年 1 月 1 日	0. 72
235478	LFT－A	2015 年 5 月 24 日	0. 16
235478	LFT－A	2015 年 6 月 20 日	0. 15
240100	LFT－B	2015 年 9 月 6 日	0. 40
720300	NTN－A3	2024 年 4 月 15 日	1. 60
770100	NTN－C	2031 年 1 月 1 日	3. 47
770100	NTN－C	2021 年 4 月 1 日	2. 34
960100	NTN－A6	2014 年 4 月 15 日	1. 85
770100	NTN－C	2017 年 7 月 1 日	8. 67
760100	NTN－B	2023 年 3 月 15 日	1. 71
210100	LFT	2014 年 3 月 7 日	0. 17

资料来源：巴西证券期货交易所网站。

二、巴西期货及其他衍生品市场中国债充抵保证金

在抵押品的管理方面，巴西清算所的结算规则第五章专门说明了抵押品的管理。① 巴西的交易保证金除了现金之外，还包括其他的资产、票据和证券等，并且由交易所规定接受这些抵押品的标准、抵押托管程序。对于抵押品的真实性和合法性，清算会员对交纳给清算所的抵押品的交付、接收、真实性和合法性负责；但巴西清算所同时规定，根据交易所的规章制度，提供抵押品的交易主体是第一责任人，即中介机构须对清算会员负责，客户须对中介机构负责。

巴交所期货市场中以国债形式呈现的抵押品份额高达93.44%，远远高于2.95%股票形式的份额。交易所选择可充抵保证金的国债类型和品种主要按照高流动性的原则来选择，定期（如每年）或不定期确定和公布可用于充抵保证金的国债品种名单。值得一提的是，作为巴交所内独立部门，抵押品管理部涉足证券和期货市场，因此在两个市场的管理上如出一辙，主要体现在以下两方面：第一，在业务模式上也采用权利质押的业务模式，结算会员可将国债以受益人名义出质但并不过户于交易所；第二，交易所在期货市场中也采用逐日盯市和最低折扣率标准制度，对于那些巴西中央银行（Bacen）贴现窗口使用的高流动性债券，交易所自动接收，采用较为稳健的折扣率并根据Bacen公布的贴现率实时动态评估。除此之外的债券完全取决于交易所之前的评估，这其中覆盖了对市场、信用、流动性等各方面风险。此外，国债充抵保证金一般包括两方面：静态和动态，可以用于初始保证金，也适用于追保的部分，见表2-12。

巴西衍生品市场抵押品占比见表2-12。

① 巴西清算所的结算规则（Rulebook）第五章第32条。

表 2-12　衍生品市场抵押品占比（截至 2014 年 2 月 25 日）

抵押品种类	抵押品金额（Real）	占比（%）
巴西国债	123 574 042 806.66	93.396
股票	3 942 760 881.41	2.980
信用证	2 705 624 000.00	2.045
私人债券	1 119 849 959.63	0.846
现金 - Real	750 907 262.62	0.568
FIC Banco BM&F	117 755 227.28	0.089
现金 - Real	65 729 544.95	0.050
现金 - USD	35 103 991.94	0.027
地方性产品票据（CPR）	0.00	0.000
汇总	109 804 432 317.88	82.989

资料来源：巴西证券期货交易所网站。

三、巴西证券登记托管机构的担保品管理服务

国际上普遍认为，分散的证券登记托管体系广受诟病，影响了市场运行的效率，也不利于控制市场风险。巴西顺应国际趋势，对国债采用集中的登记托管体系。投资者（出质人）一般向经纪商提出指令，经纪商随即在巴西中央银行的结算托管特别系统（SELIC）中将抵押品划转。与证券市场相似，巴交所采用质押业务模式进行处置，投资者将这些国债以自己（受益人）名义抵押并出质给交易所。值得一提的是，巴西中央银行的结算托管特别系统是巴西国债市场最主要的托管结算系统，其附属于央行所有，但实行公私合营的模式。央行身兼债券托管结算机构和资金结算银行的双重身份。在巴西央行和市场成员的共同努力下，该系统于 1979 年由巴西金融和资本市场协会（ANBIMA）推出上线，为巴西国债市场提供所有债券的无纸化管理服务。系统由央行与巴西金融和资本市场协会共同管理。其中，巴西央行公开市

场操作局负责系统的日常运营与维护，巴西金融和资本市场协会负责技术支持。系统采取非营利模式，所获盈利用于可持续开发及人力投入等。与此同时，巴交所有独立的抵押品管理部，会对这部分抵押品进行包括价值、折扣率评估在内的各项风险管理。交易所的托管体系之所以能负荷如此庞大的资源：一方面，巴交所仅拥有几十万客户资源基础，在500万的系统容量之内；另一方面，国债充抵保证金采用中央证券存管托管系统（CSD），实名制下每个账户的权益都单独核算，与其他交易所不同的是，巴交所可以控制单个客户的账户情况，通过CSD对抵押品进行统一的管理，见图2－3。

图2－2　巴西证券登记托管机构担保品管理

资料来源：Derivatives Clearing House – Operating Procedure Manual。

第七节
相关结论与启示

一、及早开展国债充抵衍生品交易保证金业务

通过研究国际市场国债充抵保证金业务，可以发现，国际市场均开展了国债充抵保证金业务，以降低投资者的交易成本，提高市场效率，促进市场功能的充分发挥。对比我国，目前除了纯

粹的国债担保、抵押业务外，并未开展国债充抵衍生品交易业务，与成熟市场相比存在一定差距。为活跃国债现货市场，提高衍生品市场功能的充分发挥，建议我国及早开展国债充抵衍生品交易保证金业务。

二、科学、合理的业务模式选择是成功开展国债充抵保证金业务的关键

业务模式选择是开展国债充抵保证金业务的核心，科学、合理的业务模式选择是成功开展国债充抵保证金业务的关键。当前，成熟市场均采用转移占有模式开展国债充抵保证金业务。而依据相关法律的规定，我国债券市场涉及担保品管理业务的主要以质押模式和转移占有方式进行。未来开展国债充抵保证金业务，要在符合相关法律法规规定的前提下，选择有利于国债充抵保证金业务开展、能够有效防范相关市场风险的业务模式，切实发挥国债充抵保证金业务的市场功能。

三、担保品的快速、安全处置是国债充抵保证金的重要配套制度

国际成熟经验表明，交易所对抵押品的控制权和处置权是开展国债充抵保证金业务的基本前提，即充抵保证金的抵押品必须由交易所绝对控制，一旦会员违约，交易所能够按照确定的程序及时处置抵押品。未来，无论我国以何种模式开展国债充抵保证金业务，都必须落实这一基本要求，通过监管机关出台相关规定，证券登记结算机构配合出台相关业务规则，实现对担保品的快速、安全处置，保障相关各方的合法权益，保障相关市场的平稳运行。

四、有价证券充抵期货保证金的业务开展需要相关机构紧密合作，高效配合

台期所有价证券充抵期货保证金业务环节中，除投资者、期货商、台期所之外，还涉及证券商、清算银行、集保公司等有价证券的相关运作机构，有价证券的高效、便捷缴存和提取需要通过证券商、清算银行和集保公司执行，相关证券的估值、孳息和到期等权益处理更需要相关机构的密切配合。从台期所有价证券充抵保证金业务实践来看，灵活、高效的担保品管理服务以及相关机构之间的高效配合，是开展有价证券充抵期货保证金业务的重要基础配套。我们在准备国债充抵期货保证金业务中应做好与证券公司、国债登记托管机构的业务协作安排。

第三章
境内有价证券充抵保证金制度的业务实践

在介绍境外有价证券充抵保证金的基础上，本章重点介绍我国境内有价证券充抵保证金的相关业务实践。目前，我国证券市场的融资融券及转融通业务广泛开展了有价证券的充抵业务，具有重要的借鉴和研究价值。另外，期货市场长期以来开展的仓单充抵期货交易保证金业务也是一项成熟的实践。通过研究这些成熟实践，总结可供国债充抵衍生品交易保证金业务借鉴的理念和制度。

第一节

我国证券市场的融资融券和转融通业务概况

一、融资融券和转融通的定义

广义上讲，融资融券业务是指证券交易中的证券和资金的融入和融出业务，一般包括证券公司和投资者之间的资金和证券的融通以及证券公司对资金和证券的转融通两个环节。在投资者和证券公司的层面上，融资融券是指证券公司向客户出借资金供其买入上市证券或者出借上市证券供其卖出，并收取担保物的经营活动。其中，融资买入是证券公司代客户垫付资金，客户以其买入的证券和信用账户内的保证金一起作为融资业务的担保；融券卖出是证券公司代客户垫付证券，客户以其卖出证券所得资金和信用账户内的保证金一起作为融券业务的担保。① 通常，前述这一业务被称为融资融券交易，是狭义上的融资融券业务；而证券公司对资金和证券的再融入业务，则通常被称为“转融通”，是广义融资融券业务不可或缺的组成部分。②

---

① 深圳证券交易所：《证券公司融资融券业务管理办法》，载于《融资融券业务制度汇编》，2010 年 4 月。

② 除本节之外，为详细介绍融资融券和转融通业务的具体内容，文章将在狭义概念上使用融资融券的概念，以和转融通进行区别。

融资融券业务是现代多层次证券市场的基础，也是促进我国证券交易机制完善和保障证券市场平稳健康发展的一项重要机制。融资融券交易有助于投资者表达自己对某种股票实际投资价值的预期，引导股价趋于体现其内在价值，并在一定程度减缓证券价格的波动，维护证券市场的稳定。比如，当市场上某些股票价格因为投资者过度追捧或是恶意炒作而变得虚高时，敏感的投机者会及时察觉这种现象，于是他们会通过借入股票来卖空，从而增加股票的供给量，缓解市场对这些股票供不应求的紧张局面，抑制股票价格泡沫的继续生成和膨胀；而当这些价格被高估且股票因泡沫破灭而使价格下跌时，先前卖空这些股票的投资者为了锁定已有的利润，适机重新买入这些股票以归还融券债务，这样就增加了市场对这些股票的需求，在某种程度上起到“托市”的作用，从而达到稳定证券市场的效果。同时，融资融券交易可以有效缓解市场的资金压力，有利于市场交投的活跃，增加股票市场的流通性。

二、融资融券和转融通的业务模式

在整个证券融资融券交易中，资金融通和证券融通的授信模式，总体上有集中和分散两种。在集中授信模式下，资金和证券的转融通业务由专门的机构提供，例如我国由证券金融公司提供；在分散模式下，转融通由金融市场中有资金或证券的任何人提供。

（一）分散信用模式

在该模式下，投资者向证券公司申请融资融券，由证券公司直接对其提供信用。当证券公司的资金或股票不足时，向金融市场融通或通过标借取得相应的资金和股票。这种模式建立在发达的金融市场基础上，不存在专门从事信用交易融资的机构。目前，美国是典型代表，我国香港市场也采用类似的模式。

（二）集中信用模式

在该模式之下，证券公司对投资者提供融资融券，同时设立具有独特地位的证券金融公司为证券公司提供资金和证券的转融通，以此来调控流入和流出证券市场的信用资金和证券量，对证券市场信用交易活动进行机动灵活的管理。这种模式以日本、韩国为代表。

（三）双轨制信用模式

该模式之下，只有一部分拥有直接融资融券资格证书的证券公司才可以给客户提供融资融券服务，然后再从证券金融公司进行资金和证券的转融通。而没有许可的证券公司只能接受客户的委托，代理客户的融资融券申请，由证券金融公司来完成直接融资融券的服务。这种模式以我国台湾地区为典型代表。

上述各具特色的三种模式，在各国（地区）的信用交易中发挥了重要作用。具体选择哪种信用交易模式很大程度上取决于金融市场的发育程度、金融机构的风险意识和内部控制水平等因素。目前，在我国证券信用交易模式的选择问题上，已经基本形成一致意见，即采用证券金融公司主导的集中信用模式，专门向证券公司提供融资融券服务，以加强对信用交易的监管与控制。

三、融资融券和转融通的风险防范机制

鉴于融资融券业务在发挥证券市场功能中的重要地位，各国（地区）在积极开展融资融券业务的同时，也充分考量融资融券交易的业务风险，并建立起一套完善、科学的风险防范机制来控制交易中的各种风险。主要包括以下几个方面。

（一）证券的选定

并不是所有的证券都适合作为融资融券业务的标的。不同证券的价值和价格波动性差异很大，将直接影响信用交易的风险水平。一般的，证券信用交易选择的主要标准是股票波动性较小、流动性较好，因此应选择主营业务稳定、行业波动性较小、法人治理结构完善、流通股本较大的股票。

（二）保证金比例

保证金比例是影响证券融资融券交易信用扩张程度最为重要的参数，包括最低初始保证金比例和维持保证金比例。美国规定的初始保证金比例为50%，融资的维持保证金比例为25%，融券的维持保证金比例则根据融券的股价而有所不同。我国台湾地区规定初始保证金比例为50%，融资的维持保证金比例为28.6%，融券的维持保证金比例为28%。①

（三）对融资融券的限额管理

规定证券公司对投资者融资融券的总额不应该超过净资本的一定限度，规定证券公司在单个证券上的融资和融券额度与其净资本的比率，规定券商对单个客户的融资和融券额度与其净资本的比率。如我国台湾地区规定，单个证券公司对单个证券的融资不应该超过5%，融券不应该超过5%，对客户的融资融券总额不能超过其资本金的250%。

① 万春：《我国转融通模式下融资融券业务风险及其对策研究》。

（四）单只股票的信用额度管理制度

对单只股票的信用额度管理是为了防止股票被过度融资融券而导致风险增加或被操纵。国际市场上的通行做法是，当一只股票的融资融券额达到其流通股本25%时，交易所应停止融资买进或融券卖出，当比率下降到20%以下时再恢复交易；当融券额超过融资额时，应停止融券交易，直到恢复平衡后再重新开始交易。当然，每个国家（地区）都可以根据自己证券市场的容量和股票发行、交易的特点以及不同权重股的特殊性，对这一比例进行调整。

四、我国证券市场的融资融券和转融通业务发展

我国证券市场融资融券交易的发展大致分为四个发展阶段：第一个阶段为禁止卖空交易阶段，时间大致是1999年7月1日到2005年12月31日。这一阶段，整个证券市场刚从银行资金违规入股的泡沫中苏醒，尚处于恢复和发展阶段，股票交易只允许买入和卖出，不允许卖空交易。第二个阶段为融资融券启动阶段，时间大致是2006年1月1日至2008年9月30日。这个时期是中国融资融券交易的启动阶段，标志为国务院、证监会以及证券业协会颁布的一系列文件：证监会发布《证券公司融资融券试点管理办法》（2006年8月1日起施行），国务院出台《证券公司监督管理条例》（2008年6月1日起实施）和《证券公司风险处置条例》，中国证券业协会公布的《融资融券合同必备条款》和《融资融券交易风险揭示书必备条款》（2006年9月5日），中国证券登记结算有限责任公司发布的《中国证券登记结算有限责任公司融资融券试点登记结算业务实施细则》（2006年8月9日）、上海和深圳证券交易所发布的《融资融券交易试点实施细则》（2006

年8月21日）等。① 第三个阶段是融资融券交易试点准备阶段，时间大致是2008年10月5日至2010年3月30日。这一阶段以2008年10月5日证监会宣布启动融资融券试点为标志。第四个阶段是融资融券交易的市场操作阶段，时间是2010年3月31日至今。这一阶段，我国融资融券交易试点启动，正式进入市场操作阶段。

第二节

融资融券业务的保证金和担保品管理

一、我国证券融资融券业务的现状

我国《证券公司融资融券业务管理办法》规定，融资融券是指证券公司向客户借出资金供其买入上市证券或者借出上市证券供其卖出，并收取担保物的经营活动。自2010年3月试点以来，截至2014年6月30日，融资融券的标的证券共有710只，流通市值达148 118.77亿元。其中，标的股票695只，流通市值146 831.95亿元，占全部标的证券流通市值的99.13%；标的ETF15只，总价值为1 286.82亿元，占比0.87%。开展融资融券业务的证券公司达到87家，覆盖了全国近5 200家证券公司的营业部，开立信用账户的投资者数量达到了187万人。2013年，证券公司实现融资融券业务收入296.39亿元。2014年上半年，融资融券的交易额累计达到34 318.60亿元，较2013年同期增长了

① 还包括2008年4月8日，证监会就《证券公司风险控制指标管理办法》、《关于进一步规范证券营业网点若干问题的通知》（征求意见稿）、《证券公司分公司监管规定（试行）》公开征求意见。

37.54%；融资买入额和融券卖出额合计占A股交易额的10.8%。融资融券余额达4 064.89亿元，其中融资余额为4 034.96亿元，融券余额为29.93亿元。①

二、我国证券融资融券业务的保证金和担保品管理

根据《证券公司融资融券业务管理办法》以及沪深交易所相关业务细则的规定，在融资融券交易中，投资者应向证券公司缴纳一定比例的保证金，保证金可以标的证券及交易所认可的其他证券充抵。同时，投资者以其缴纳的保证金以及融资买入的全部证券或者融券卖出的全部价款，整体作为对证券公司融资融券所产生债务的担保物。②

证券公司应当逐日计算客户交存的担保物价值与其所欠债务的比例。当该比例低于最低维持担保比例时，应当通知客户在一定的期限内补交差额。客户未能按期交足差额或者到期未偿还债务的，证券公司应当立即按照约定处分其担保物。具体的保证金比例和可充抵保证金的证券的种类、折算率、最低维持担保比例和客户补交差额的期限，由证券交易所规定。证券公司可以在符合证券交易所规定的前提下，对前款所列事项作出具体规定。投资者不得将已设定担保或其他第三方权利及被采取查封、冻结等司法措施的证券提交为担保物，会员不得向客户借出此类证券。

（一）可充抵保证金证券范围及其折算率

作为一种信用交易，融资融券业务也通过保证金制度来控制信用风险。为融入资金和证券，投资者均需向证券公司缴纳一定的保证金，以担保履约。保证金可以是现金，也可以以标的证券

---

① 相关数据来源：中国证券金融公司。

② 《融资融券业务制度汇编》，深圳证券交易所2010年4月份编。

及沪、深证券交易所认可的其他证券充抵。

目前，两家交易所均按照“从严到宽、从少到多、逐步扩大”的原则，从符合条件的证券范围内，选取并确定可作为标的证券的名单，并向市场公布。同时，证券公司也可以根据自身业务经营情况、市场状况以及客户资信等因素，自行确定标的证券名单，但其自行确定的标的证券名单不得超出交易所公布的标的证券范围。

交易所将遵循审慎原则，选取并确定可充抵保证金证券的名单，并向市场公布。经上海证券交易所认可的股票（A 股)、证券投资基金和债券等，可以充抵保证金；深圳证券交易所接受的可充抵保证金的证券种类包括在交易所上市的 A 股、证券投资基金和债券等，B 股、协议平台单边挂牌的债券、专项资产管理计划及一级托管债券除外。同时，证券公司可以根据自身业务经营情况、市场状况以及客户资信等因素，自行确定可充抵保证金证券名单，但其自行确定的名单不得超出本所公布的可充抵保证金证券范围。因此，投资者向证券公司提交充抵保证金的证券必须在交易所公布的可充抵保证金证券范围内，同时也必须在证券公司自行确定的可充抵保证金证券名单上。

交易所一般在每个交易日开市前通过网站及交易系统向市场公布可充抵保证金证券的范围及其折算率。在计算保证金金额时，股票、交易所交易型开放式指数基金（ETF)、封闭式基金以及其他上市债券以证券市值为基准计算，上市开放式基金（LOF）等其他证券投资基金可以以证券市值或净值为基准计算。会员可以根据流动性、波动性等指标对可充抵保证金的证券确定不同的折算率，但会员公布的可充抵保证金证券的折算率不得高于交易所规定的标准。

投资者以现金作为保证金时，可以全额计入保证金金额；以证券充抵保证金时，应当以证券市值或净值按交易所规定的下列折算率进行折算。其中，上海证券交易规定的折算率见表 3－1：

表 3－1　上海证券交易所接受的可充抵保证金证券的折算比率

可充抵保证金证券品种		折算率
A 股	上证 180 指数成分股	不超过 70%
	非上证 180 指数成分股	不超过 65%
	被实行特别处理和暂停上市的 A 股	0%
基金	交易所交易型开放式指数基金（ETF）	不超过 90%
	其他上市证券投资基金	不超过 80%
债券	国债	不超过 95%
	其他上市债券	不超过 80%
权证	权证	0%

资料来源：上海证券交易所网站。

举个简单的例子，如果某投资者信用账户内有 100 元现金和 100 元市值的证券 A，假设证券 A 的折算率为 70%。那么，该投资者信用账户内的保证金金额为 170 元（100 元现金 ×100% + 100 元市值 ×70%）。

深圳证券交易所规定，充抵保证金的证券，在计算保证金金额时应当以证券市值或净值按下列折算率进行折算，交易所可根据市场情况调整可充抵保证金证券的名单和折算率。会员可以根据流动性、波动性等指标对可充抵保证金的各类证券确定不同的折算率，但会员公布的折算率不得高于交易所规定的标准：

第一，深证 100 指数成分股股票的折算率最高不超过 70%，非深证 100 指数成分股股票的折算率最高不超过 65%；

第二，交易所交易型开放式指数基金折算率最高不超过 90%；

第三，国债折算率最高不超过 95%；

第四，其他上市证券投资基金和债券折算率最高不超过80%。

（二）融资融券的保证金比例及维持担保比例

有价证券作为交易保证金之后，可以降低市场交易成本，提高市场交易效率。但是，为有效防范市场交易风险，各个交易所也就融资融券的保证金比例、维持担保比例和保证金可用余额等方面作出了明确的规定。

1. 融资融券保证金比例

保证金比例是指投资者交付的保证金与融资、融券交易金额的比例，具体分为融资保证金比例和融券保证金比例。保证金比例用于控制投资者初始资金的放大倍数，投资者进行的每一笔融资、融券交易交付的保证金都要满足保证金比例要求。在投资者保证金金额一定的情况下，保证金比例越高，投资者向证券公司融资、融券的规模就越小，财务杠杆效应越低。

（1）融资保证金比例。融资保证金比例是指投资者融资买入证券时交付的保证金与融资交易金额的比例。其计算公式为：

融资保证金比例 = 保证金/（融资买入证券数量 × 买入价格）× 100%

根据《上海证券交易所融资融券交易实施细则》，投资者融资买入证券时，融资保证金比例不得低于 50%。

证券公司在不超过上述交易所规定比例的基础上，自行确定相关融资保证金比例。例如，假设某投资者信用账户中有 100 元保证金可用余额，保证金比例为 50%，则该投资者理论上可融资买入 200 元市值（100 元保证金 ÷ 50%）的证券。

（2）融券保证金比例。融券保证金比例是指投资者融券卖出时交付的保证金与融券交易金额的比例。其计算公式为：

融券保证金比例 = 保证金/（融券卖出证券数量 × 卖出价格）× 100%

根据《上海证券交易所融资融券交易实施细则》和《深圳证

券交易所融资融券交易实施细则》，投资者融券卖出时，融券保证金比例不得低于50%。

证券公司在不超过上述交易所规定比例的基础上，自行确定相关融券保证金比例。例如，某投资者信用账户中有100元保证金可用余额，保证金比例为50%，则该投资者理论上可融券卖出200元市值（100元保证金÷50%）的证券。

2. 维持担保比例

证券公司向客户收取的保证金以及客户融资买入的全部证券和融券卖出所得的全部价款，全部作为客户对证券公司融资融券所生债务的担保物。证券公司应当对客户提交的担保物进行整体实时监控，计算其维持担保比例。维持担保比例是指客户担保物价值与其融资融券债务之间的比例。其计算公式为：

维持担保比例=（现金+信用证券账户内证券市值总和）/（融资买入金额+融券卖出证券数量×当前市价+利息及费用总和）

客户信用证券账户内的证券，出现被调出可充抵保证金证券范围、被暂停交易、被实施特别处理等特殊情形或者因权益处理等产生尚未到账的在途证券，会员在计算客户维持担保比例时，可以根据与客户的约定按照公允价格或其他定价方式计算其市值。

根据《上海证券交易所融资融券交易实施细则》和《深圳证券交易所融资融券交易实施细则》，投资者信用账户维持担保比例不得低于130%。证券公司在不超过上述交易所规定比例的基础上，可以根据客户资信状况等因素，自行确定维持担保比例的最低标准。

当投资者维持担保比例低于130%时，证券公司应当通知投资者在不超过2个交易日的期限内追加担保物，且客户追加担保物后的维持担保比例不得低于150%。①

投资者未能按期交足担保物或者到期未偿还融资融券债务的，证券公司将采取强制平仓措施，处分投资者担保物，不足部分还可以向投资者追索。当投资者维持担保比例超过300%时，投资者可以提取保证金可用余额中的现金或充抵保证金的证券部分，但提取后维持担保比例不得低于300%。但当客户交存的担保物价值与其债务的比例超过证券交易所规定水平的，客户可以按照证券交易所的规定和融资融券合同的约定，提取担保物。

目前，截止到2014年6月30日，整个市场证券公司客户的平均维持担保金比例为235.64%。②

3. 保证金可用余额

保证金可用余额是指投资者用于充抵保证金的现金、证券市值及融资融券交易产生的浮盈经折算后形成的保证金总额，减去投资者未了结融资融券交易已用保证金及相关利息、费用的余额。

投资者进行每一笔融资买入或融券卖出时所使用的保证金应以其保证金可用余额为限。其计算公式为：

保证金可用余额 = 现金 + ∑(充抵保证金的证券市值 × 折算率) + ∑[(融资买入证券市值 - 融资买入金额) × 折算率] + ∑[(融券卖出金额 - 融券卖出证券市值) × 折算率] - ∑融券卖出金额 - ∑融资买入证券金额 × 融资保证金比例 - ∑融券卖出证券市值 × 融券保证金比例 - 利息及费用

其中，折算率是指融资买入、融券卖出证券对应的折算率，当融资买入证券市值低于融资买入金额或融券卖出证券市值高于融券卖出金额时，折算率按100%计算。

---

① 《上海证券交易所融资融券交易实施细则》和《深圳证券交易所融资融券交易实施细则》。

② 相关资料来源：中国证券金融公司。

除了相关保证金和证券折扣率的规定之外，单只标的证券的融资余额达到该证券上市可流通市值的25%时，交易所可以在次一交易日暂停其融资买入，并向市场公布。该标的证券的融资余额降低至20%以下时，交易所可以在次一交易日恢复其融资买入，并向市场公布。

三、风险控制和违约处理

（一）风险控制

除了对保证金和担保证券的相关规定之外，沪、深证券交易所还对市场融资融券交易进行监控。证券交易所可以对每一证券的市场融资买入量和融券卖出量占其市场流通量的比例、融券卖出的价格作出限制性规定，并按照业务规则采取措施，对融资融券交易的指令进行前端检查，对买卖证券的种类、融券卖出的价格等违反规定的交易指令予以拒绝。单一证券的市场融资买入量或者融券卖出量占其市场流通量的比例达到规定的最高限额的，证券交易所可以暂停接受该种证券的融资买入指令或者融券卖出指令；融资融券交易活动出现异常，已经或者可能危及市场稳定，有必要暂停交易的，证券交易所应当按照业务规则的规定，暂停全部或者部分证券的融资融券交易并公告。一般的，当融资融券交易出现异常时，两交易所可视情况采取以下措施并向市场公布：

（1）调整标的证券标准或范围；

（2）调整可充抵保证金有价证券的折算率；

（3）调整融资、融券保证金比例；

（4）调整维持担保比例；

（5）暂停特定标的证券的融资买入或融券卖出交易；

（6）暂停整个市场的融资买入或融券卖出交易；

（7）交易所认为必要的其他措施。

另外，证券公司应当按照交易所的要求，对客户的融资融券交易进行监控，并主动、及时地向交易所报告其客户的异常融资融券交易行为。交易所可根据需要，对证券公司与融资融券业务相关的内部控制制度、业务操作规范、风险管理措施、交易技术系统的安全运行状况及对交易所相关业务规则的执行情况等进行检查。当证券公司违反相关监督和风控制度建设时，交易所可依据相关业务规则的规定，对其采取监管措施及给予处分，并可视情形暂停或取消其在交易所的融资或融券交易权限。①

证券登记结算机构应当按照业务规则，对与融资融券交易有关的证券划转和证券公司信用交易资金交收账户内的资金划转情况进行监督。对违反规定的证券和资金划转指令，予以拒绝；发现异常情况的，应当要求证券公司作出说明，并向中国证监会及该公司注册地中国证监会派出机构报告。负责客户信用资金存管的商业银行应当按照客户信用资金存管协议的约定，对证券公司违反规定的资金划拨指令予以拒绝；发现异常情况的，应当要求证券公司作出说明，并向证监会及该公司注册地证监会派出机构报告。

证券公司应当按照融资融券合同约定的方式，向客户送交对账单，并为其提供信用证券账户和信用资金账户内数据的查询服务。证券登记结算机构应当为客户提供其信用证券账户内数据的查询服务。负责客户信用资金存管的商业银行应当按照客户信用资金存管协议的约定，为客户提供其信用资金账户内数据的查询服务。证券公司应当按照证券交易所的规定，在每日收市后向其报告当日客户融资融券交易的有关信息。证券交易所应当对证券

① 《上海证券交易所融资融券交易实施细则》和《深圳证券交易所融资融券交易实施细则》。

公司报送的信息进行汇总、统计，并在次一交易日开市前予以公告。①

证券公司应当在每一月份结束后10日内，向证监会、注册地证监会派出机构和证券交易所书面报告当月的下列情况：

（1）融资融券业务客户的开户数量；

（2）对全体客户和前10名客户的融资、融券余额；

（3）客户交存的担保物种类和数量；

（4）强制平仓的客户数量、强制平仓的交易金额；

（5）有关风险控制指标值；

（6）融资融券业务盈亏状况。

中国证监会及其派出机构、中国证券业协会、证券交易所、证券登记结算机构依照规定履行证券公司融资融券业务监管或者自律管理职责，可以要求证券公司提供与融资融券业务有关的信息、资料。证监会派出机构按照辖区监管责任制的要求，依法对证券公司及其分支机构的融资融券业务活动中涉及的客户选择、合同签订、授信额度的确定、担保物的收取和管理、补交担保物的通知以及处分担保物等事项进行非现场检查和现场检查。证券公司或其分支机构在融资融券业务试点中违反规定的，由证监会派出机构予以制止，责令限期改正；拒不改正或者情节严重的，由证监会视具体情形，依法采取警示、公开警示、责令处分有关责任人员、责令停止有关分支机构的融资融券业务活动、撤销融资融券业务许可等监管措施。证券公司或其分支机构未经批准擅自经营融资融券业务的，依照证券法的相关规定处罚。②

---

① 《上海证券交易所融资融券交易实施细则》和《深圳证券交易所融资融券交易实施细则》。

② 同上。

（二）违约处理

当客户维持担保的比例不足且未在规定时间内（一般为2个交易日）补足担保物或者到期未偿还债务的，证券公司于第三个交易日强制平仓，平仓所得的资金优先用于偿还客户所欠债务，剩余资金记入客户信用资金账户。同时，当司法机关依法对客户信用证券账户或者信用资金账户记载的权益采取财产保全或者强制执行措施的，证券公司应当处分担保物，实现因向客户融资融券所生债权，并协助司法机关执行。

第三节 转融通业务的保证金和担保品管理

一、我国转融通业务的业务模式

转融通业务，指证券金融公司将自有或者依法筹集的资金和证券出借给证券公司，以供其办理融资融券业务的经营活动。转融通业务是整个融资融券业务中的重要一环，是维持证券公司和客户之间证券和资金顺利、高效融通的有力保障。①

目前，我国证券市场的转融通业务模式采取的是“两段式、跨平台”模式。“两段式”是指证券出借环节与转融通环节；“跨平台”是指分别在沪、深证券交易所大宗交易平台/综合协议交易平台、中国证券金融公司转融通业务平台申报成交。在整个转

① 王文宇：《新金融法》，北京：中国政法大学出版社2003年5月版。

融通交易中，中国证券金融公司作为证券出借环节的唯一借入人，同时作为出借人向证券公司出借证券和资金，直接参与转融通业务。转融通业务采取“固定期限、固定费率”的收费模式，融资和融券的收费标准参见表3-2：

表3-2　　转融通的收费标准

转融资期限及费率		
期限	费率	
7天	6.2%	
14天	6.3%	
28天	6.4%	
91天	6.5%	
182天	6.6%	
转融券期限及费率		
期限	融入	融出
3天	1.5%	4%
7天	1.6%	3.9%
14天	1.7%	3.8%
28天	1.8%	3.7%
182天	2.0%	3.5%

数据来源：中国证券金融公司。

截至2014年6月30日，转融通业务中，标的证券共682只，其中上海市场362只，深圳市场266只，占710只融资融券标的证券约88%。转融资试点证券公司74家，占87家开展融资融券业务证券公司家数的85%；转融券试点证券公司73家，占87家开展融资融券业务证券公司家数的83%。自2012年8月30日转融资试点启动至今，累计成交约5 721.54亿元，目前，转融资余额约560.25亿元。自2013年2月28日转融券试点启动资金，累计成交约 5.23 亿股，市值约 60.11 亿元，目前，转融券余额约 1 157.2 万股，市值约 1.65 亿元。①

二、转融通保证金管理业务

（一）保证金定义和保证金管理基本原则

转融通业务中的保证金指证券公司向中国证券金融公司交存的、担保中国证券金融公司因向证券公司转融通所发生债权的担保物。其中的保证金管理必须遵循以下几个基本原则：

（1）转融通业务为杠杆交易，中国证券金融公司根据证券公司征信情况设置保证金比例档次，最高为 50%，最低为 20%；同时规定现金占应缴保证金比例（以下简称“现金比例”）不得低于 15%。

（2）证券公司可按规定申请交存、提取、替换、买卖保证金资金及证券，经中国证券金融公司审核通过后，由结算公司执行相应的资券划转操作。

（3）满足保证金比例、现金比例要求是证券公司转融通开仓的条件之一。证券公司申请转融通借入资金或证券的，其当前负债加上新申请借入的资券后，需满足保证金比例、现金比例要求，否则不能开仓。

（4）证券公司转融通负债存续期间，应持续满足保证金比例要求。证券公司提交的保证金证券价值随市场行情实时变化，在其负债了结前，需持续满足保证金比例、现金比例要求，否则将视为保证金比例违约。

（5）保证金比例、现金比例违约的，中国证券金融公司可视情况采取相应措施。证券公司保证金比例、现金比例违约，且未在规定时间内补缴的，中国证券金融公司可采取限制转融通业务

① 数据来源：中国证券金融公司。

权限、处分保证金等措施。

（二）保证金业务的委托管理

根据《转融通业务监督管理试行办法》第二十条关于“证券金融公司可以与证券登记结算机构签订合同，委托证券登记结算机构代为管理保证金。”的规定，中国证券金融公司与中国结算公司于2012年8月签署了《转融通保证金委托管理协议》。此后，分别于2013年2月签署《转融通业务备忘录》，2013年7月签署《转融通业务应急备忘录》。相关协议明确规定，中国证券金融公司的保证金管理职责主要包括以下几个方面：

（1）负责为券商开立担保证券/资金明细账户；

（2）负责可充抵保证金证券名单及折算率管理；

（3）负责保证金划转指令的审核；

（4）负责接收证券公司保证金交易指令并转发证券交易所；

（5）负责保证金日间、日终盯市；

（6）担保证券投票；

（7）负责转融通、保证金违约后的追缴、处分等事项。

中国结算公司的保证金受托管理职责主要包括：负责为证券公司的担保证券/资金明细账户进行配号；接收证券公司发送的保证金交存、提取和替换指令并转发中证金公司审核，对审核通过的指令，执行保证金资券划转操作；接受中国证券金融公司委托，提供保证金存管，保证金总账、明细账维护，保证金权益处理及价值调整，保证金资金结息，征集保证金证券投票意见等服务。①

（三）保证金风险控制机制

和证券公司与客户之间的融资融券业务一样，转融通业务中

① 相关信息来源：中国证券金融公司。

也有完善的保证金风险控制制度。其保证金控制的指标有：保证金比例、现金比例、集中度指标等。其中，集中度指标监控，指转融通担保证券账户内某只证券余额占其总市值比例不得超过15%。当集中度指标超过15%时，暂停接受该证券作为担保证券，并向市场公布；该比例降至12%以下时，可在次一交易日恢复接受该证券作为担保证券，并向市场公布。当保证金指标日间不足或日终违约时，中国证券金融公司可以采取的处理措施主要包括：限制业务权限、保证金追缴、违约金收取、保证金处分。同时，中国证券金融公司根据市场状况、担保证券行业情况、公司情况及风险管理需要等每日调整可充抵保证金名单及其折算率。证券停牌或当日无交易的，保证金证券的当前市价为最近一个交易日收盘价；连续停牌超过十个交易日的，自第十一个交易日起当前市价为登记公司提供的该证券公允价值。转融通业务启动至今，保证金比例、现金比例日终违约总计15次，其中保证金比例违约12次、现金比例违约3次。证券公司均于次一交易日及时补缴，未触发保证金处分。

三、转融通保证金管理主要业务环节

截至2014年6月30日，74家证券公司的保证金总额为158.5亿元，其中担保资金总额为78.91亿元（沪市56.8亿元；深市26.11亿元）；担保证券总市值为117.88亿元，经折算后的担保证券总价值为79.58亿元。证券公司提交的担保证券中，股票、债券、基金市值占担保证券总市值分别为71.19%、23.38%和5.43%。[①]

① 相关数据来源：中国证券金融公司。

（一）担保账户体系设置及担保品折扣率

整个担保账户体系的构成如下：中国证券金融公司以自身名义在结算公司开立转融通担保证券和资金账户；中证金公司为证券公司开立转融通担保证券和资金明细账户。证券公司通过自营证券账户和资金交收账户向中证金公司提交保证金，并记载于担保证券和资金明细账户。

在中国证券金融公司内部，每天调整可充抵保证金证券名单及其折算率，该调整次日生效，相关业务操作采取双人双岗复核制度。

原则上，目前沪、深证券交易所上市的股票、基金（含ETF、LOF）和债券（含可转债）均可成为可充抵保证金证券。中国证券金融公司可根据市场状况、担保证券行业情况、公司情况及风险管理需要等对可充抵保证金证券名单进行调整。截至2014年6月30日，可充抵保证金证券共4 570只，其中股票2 465只、债券1 767只、基金338只，分别占比约54%、39%、7%。融资融券标的股票折算率最高不超过65%，其他上市股票折算率最高不超过60%；交易所交易型开放式指数基金（ETF）折算率最高不超过85%；国债折算率最高不超过90%；其他上市证券投资基金和债券折算率最高不超过75%；被实行特别处理、暂停上市和连续停牌的证券自第三十一个交易日起折算率为0。①

（二）保证金盯市管理

保证金盯市管理主要包括保证金比例和现金比例管理两部分内容。其中，保证金比例是指中国证券金融公司根据征信情况对证券公司设置不同档次的保证金比例要求，最高为50%，最低为

① 相关数据来源：中国证券金融公司。

20%。可根据风险控制需要进行调整。目前，74 家证券公司中，51 家为 20%，23 家为 25%。[①] 其具体计算公式如下：

保证金比例 =（保证金资金 + Σ可充抵保证金证券数量 × 当前市价 × 折算率）/｛转融资金额 + Σ［（转融证券数量 + 权益补偿证券数量）× 当前市价］+ 转融通费用 + 权益补偿资金 + 违约金｝×100%

现金比例是指货币资金所应占的比例。根据《转融通业务监督管理试行办法》规定，货币资金占应收取保证金的比例不得低于 15%。

现金占应缴保证金比例 = 保证金资金/｛转融资金额 + Σ［（转融证券数量 + 权益补偿证券数量）× 当前市价］+ 转融通费用 + 权益补偿资金 + 违约金｝× 保证金比例档次

截至 2014 年 6 月 30 日，74 家证券公司平均保证金比例为 27.01%，平均现金占应缴保证金比例为 65.25%。[②] 中国证券金融公司的盯市职责主要包括日间盯市职责和日终盯市职责：

1. 日间盯市职责

根据业务审核要点对证券公司提交的交存、提取、替换、交易指令进行审核；监控证券公司交存、提取、替换、交易等申报情况；监控证券公司保证金比例、现金比例（实时变动），日间比例不足的通知证券公司补缴。

2. 日终盯市职责

监控证券公司保证金比例、现金比例，日终比例违约的通知证券公司补缴；监控集中度指标。[③]

---

① 《我国融资融券试点情况与发展展望》，载 http：//www. csf. com. cn/publish/main/1022/1025/1034/20130124170111809746714/index. html，2014 年 7 月 4 日访问。

② 相关数据来源：中国证券金融公司。

③ 中国证券金融公司相关业务规则。

中国证券金融公司的保证金管理业务类型及其审核要点见表3－3。

表3－3　中国证券金融公司的保证金管理业务类型及其审核要点

业务类型	审核要点
保证金交存	交存的证券在可充抵保证金证券名单（以下简称名单）内； 交存后担保证券集中度指标不超过15%。
保证金提取	保证金比例超过100%时，可以申请提取超出部分的保证金，即：提取前、提取后，保证金比例均不得低于100%； 申请提取担保资金的，还应同时满足现金比例15%规定，即：提取前、提取后，现今比例均不得低于15%。 申请提取不在名单内及折算率为0%的证券的，不受100%比例限制，但保证金比例、现金比例应当符合规定。
保证金替换	满足保证金交存条件； 即换入证券在名单内＋换入后集中度指标符合要求； 换入的保证金价值＞＝换出的保证金价值（均折算后）； 换出资金的，换出后现金比例不得低于15%。
保证金交易	申报买入的证券在名单内； 申报成交后，集中度指标符合要求； 申报成交后，保证金比例、现金比例符合规定。

数据来源：中国证券金融公司。

（三）保证金追缴、处分

当出现日间保证金比例、现金比例不足时，中国证券金融公司的日间盯市岗通知证券公司及时补缴；当出现日终保证金比例、现金比例违约的，中国证券金融公司发送保证金追缴通知，要求证券公司在2个交易日内采取追加保证金、归还到期负债等措施。同时，中国证券金融公司根据转融通业务合同规定，对其保证金业务权限进行限制。证券公司未在规定时间内补足保证金的，中国证券金融公司有权自 T+3 日起处分保证金，并按日收取违约金（未补足保证金金额 0.05%）。T 日日间保证金比例、现金比例不足的，相关业务权限实时限制，日间补足后实时取消；T 日日终保证金比例、现金比例违约的，T+1 日起限制，T+1 日日终比例合规的，T+2 日取消限制，见表 3-4。①

表 3-4　保证金不符合规定情况下的相关业务情况

保证金明细账户权限	现金比例不符合规定	保证金比例不符合规定
交存资金	√	√
交存证券	√	√
提取资金	×	×
提取证券	√	×
证券换资金	×	√
资金换证券	√	√
证券换证券	×	√
买入证券	×	×
卖出证券	√	√
配股、配债、增发等原股东有优先认购权的证券的认购缴款	×	×
债转股	√	×
债券回售	√	√
新开仓	√	×
展期	√	×

资料来源：中国证券金融公司。

转融通债务归还违约证券公司在归还日（T 日）未按时足额归还转融通负债的，应当在次一交易日（T+1 日）归还；T+1

① 相关信息来源：中国证券金融公司。

日未归还的，中国证券金融公司自 T+2 日起，根据转融通业务合同规定，对其相关保证金业务权限进行限制。T+2 日仍未归还的，中国证券金融公司有权自 T+3 日起处分保证金，清偿其所欠转融通负债及相关费用（见表 3-5）。①

表 3-5　　转融通合约归还违约相关规定

保证金明细账户权限	转融通合约归还违约
交存资金	√
交存证券	√
提取资金	×
提取证券	×
证券换资金	×
资金换证券	×
证券换证券	×
买入证券	×
卖出证券	×
配股、配债、增发等原股东有优先认购权的证券的认购缴款	×
债转股	√
债券回售	√
新开仓	×
展期	×

资料来源：中国证券金融公司。

① 《中国证券登记结算有限责任公司担保品管理业务实施细则（适用于转融通）》和《中国结算上海分公司证券出借及转融通登记结算业务指南（试行）》等。

（四）保证金权益管理

当发生派发红利、利息、送股、转增股或无偿派发权证时，结算公司相应变更证券公司担保明细账户数据。当发生配股、发行证券持有人有优先认购权的新股或可转债等证券时，结算公司在权益登记日，将对应配股权或优先认购权记入担保证券明细账户，证券公司可根据记载的相关权利通过中国证券金融公司提交认购委托。结算公司根据认购结果将认购证券记入担保证券明细账户。当出现证券涉及收购情形、进入终止上市程序时，证券公司应将相关证券及时划回自营账户处理。证券公司未及时办理的，中国证券金融公司可以主动将该证券划回至其报备的自营证券账户。①

另外，《转融通业务监督管理试行办法》规定，证券金融公司为担保证券名义持有人，由证券金融公司以自己的名义，按照证券公司意见行使对证券发行人的权利。这些权利包括：信息跟踪、网络投票、现场投票等。一般的，证券公司自行收集、查询担保证券发行人会议公告；证券公司拟参加网络投票的，需在规定时间内通过结算公司征集投票系统表达投票意见。中国证券金融公司下载征集投票意见，通过交易所网络投票系统进行投票；证券公司拟参加现场投票的，应当至少于会议登记日前三个工作日向中国证券金融公司申请办理现场投票授权委托手续，并自行前往投票。

结算公司按照结算备付金适用利率（年化1.62%）对担保资金计付利息，并相应维护各证券公司担保资金明细账户数据。结算公司总部以各证券公司每季度担保资金明细账户的实际资金余

① 《中国证券金融股份有限公司转融通业务保证金管理实施细则（试行）》和《中国证券金融股份有限公司转融通业务合同》。

额计算利息积数，于每季度末月20日、21日日终分派利息。①

第四节 期货市场的有价证券充抵期货交易保证金业务

期货是金融衍生产品的重要组成部分，通过发挥风险管理和价格发现等市场功能，助推金融市场和实体经济的发展。期货最主要的特征是杠杆交易，因此，保证金制度是整个期货市场的核心制度，国内外各个交易所均通过科学的保证金制度设计来实现期货交易效率和安全的平衡。在我国，除流动性最强的现金之外，几家商品交易所都接受各自产品的标准仓单作为期货交易的保证金，以提升投资者的资金使用效率，在保障交易安全的同时，实现对资金的最大化使用。经过长期的业务实践，标准仓单充抵期货交易保证金业务已经成为我国商品期货市场的一项基本业务，在整个期货市场中发挥着重要作用。

一、标准仓单充抵期货保证金业务架构

标准仓单充抵期货保证金业务指标准仓单持有人将所持有的标准仓单质押给期货交易所，作为其履行保证金债务的担保业务。标准仓单属于有价证券的一种，投资者将持有的标准仓单质押给期货交易所，作为其履行保证金债务的担保，但是期货交易的相关亏损、费用、货款和税金等款项，以货币资金支付，不能以有价证券充抵的金额支付。标准仓单充抵保证金业务使用了质

① 《转融通业务监督管理试行办法》和《中国证券金融股份有限公司转融通业务规则（试行）》。

押的概念，交易所取得仓单的质权，投资者仍享有所有权。三家商品期货交易所都建立了电子仓单管理系统，通过电子仓单管理系统办理仓单的注册、交割、转让、充抵保证金和注销等业务。仓单充抵期货保证金业务的流程略有差异，本质上可以归结为标准仓单持有人授权、会员申请、交易所审核和登记几个步骤。具体见图 3－1：

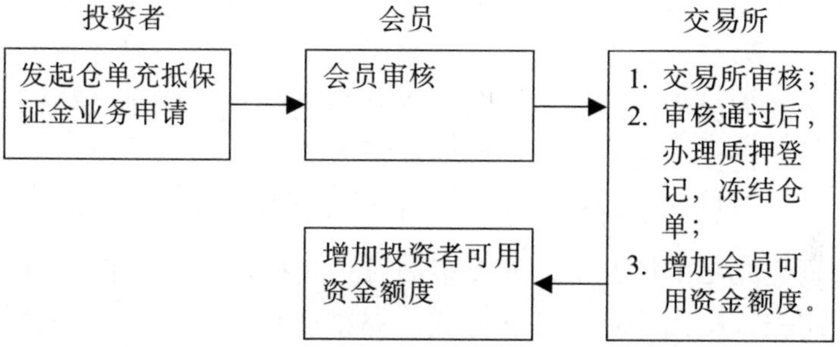

图 3－1　仓单充抵期货保证金业务流程

注：本图根据各商品交易所业务规则整理。

二、标准仓单充抵期货保证金的两种方式

目前，国内商品期货交易所标准仓单充抵期货保证金有两种方式：一种是交易所根据会员标准仓单折后金额和最大配比金额中的较低金额，作为标准仓单充抵期货保证金的实际可用金额，据此相应增加会员的结算准备金。该金额可作为会员所有持仓的交易保证金使用，以下简称该方式为“充抵所有持仓保证金方式”。另一种是交易所根据卖方会员提交的标准仓单，不再收取与其标准仓单所示数量相同的交割月份卖持仓交易保证金，以下简称该方式为“充抵交割持仓保证金方式”。这两种方式都具有充抵保证金的功能，但在充抵范围、充抵时间、充抵金额以及充抵费用等方面则存在明显差异，具体分析如下：

第一，在充抵范围上，采用充抵所有持仓保证金方式，会员的标准仓单可充抵会员在交易所任何产品、任何合约以及任何买卖方向持仓的交易保证金；而采用充抵交割持仓保证金方式，会员的标准仓单只能充抵会员在交易所与该标准仓单相对应的交割月份卖持仓交易保证金。①

第二，在充抵时间上，采用充抵所有持仓保证金方式，会员的标准仓单可在任何时间用于充抵保证金；而采用充抵交割持仓保证金方式，会员的标准仓单只能在交割月份用于充抵保证金。②

第三，在充抵金额上，采用充抵所有持仓保证金方式，充抵金额为会员标准仓单折后金额和最大配比金额中的较低金额。其中：折后金额目前都为标准仓单市值的80%，最大配比金额为会员在交易所实有货币资金的4倍（配比乘数），因而在会员货币资金充足的情况下，充抵金额可达到标准仓单市值的80%；而采用充抵交割持仓保证金方式，充抵金额为与该标准仓单相对应的卖持仓交易保证金。目前，商品期货市场中，交割月份期货合约的交易保证金标准一般为20%～40%。③

第四，在充抵费用上，采用充抵所有持仓保证金方式，目前商品交易所都对会员标准仓单充抵保证金中的资金占用部分按1.8%的年利率收取充抵手续费；而采用充抵交割持仓保证金方式，目前商品交易所都不收取充抵手续费。④

总体来看，目前商品期货市场标准仓单充抵保证金的两种方式中，充抵所有持仓保证金方式具有充抵范围较广、充抵时间较长、充抵金额较高等诸多优势，但其在充抵费用上也存在一定劣势，而充抵交割持仓保证金方式则刚好相反。因此，目前这两种方式在商品期货市场都有利用。同时，从目前商品期货市场的实

---

① 《上海期货交易所结算细则》、《郑州商品交易所结算细则》、《大连商品交易所结算细则》。

② 同上。

③ 同上。

④ 同上。

际运作来看，充抵所有持仓保证金方式的优势更为明显，是目前标准仓单充抵保证金的主流方式。

三、标准仓单充抵期货保证金业务的风险管理

为防范仓单质押产生的融资风险，各家交易所建立了完备的防范资金风险监管制度。除了限定可进行质押的仓单种类范围，还对仓单进行折扣处理，提高客户违约成本，防范价格波动风险；每日核算仓单市值，预防风险累积；设定现金与充抵额度配比，防止过度透支；明确违约处理办法，对违约客户进行处理。通过这一系列全面的风险管理制度，有效防范和处理仓单充抵保证金业务中的风险，保障商品期货交易的顺利进行。

（一）资金额度核算

标准仓单充抵期货保证金业务中，各交易所都以标准仓单市值乘以一定的折扣率，并满足质押资金不高于货币资金 4 倍的配比乘数计算标准仓单充抵期货保证金的资金额度。

标准仓单的市值计算方法上各交易所有所不同。上海期货交易所采用每日核算法，即每日根据标准仓单最近交割月份合约的当日结算价为基准核算标准仓单的最新市值。郑州商品交易所以质押办理时前一日该品种最近交割月份合约的结算价为基准计算仓单市值。郑州商品交易所规定，质押期间质押物的市值涨跌幅度达到 10% 及以上时，将调整质押物的市值。实际业务操作中，郑州商品交易所一般只是在质押物市值下跌 10% 及以上时进行质押物市值调整，质押物市值上涨时一般不进行市值调整，会员会通过解除质押并重新办理质押解决市值低估问题。大连商品交易所与郑州商品交易所一样以质押办理时前一日该品种最近交割月

份合约的结算价为基准计算仓单市值。①

（二）折扣比率

为了防范质押期间质押物的价格波动风险，三家商品期货交易所在结算细则中明确规定了标准仓单充抵期货保证金的金额不高于标准仓单市值的80%。实际业务中，上海期货交易所的折扣率为80%，郑州商品交易所和大连商品交易所都是75%，且执行的折扣率基本维持稳定较少进行调整。②

（三）违约处置

三家商品期货交易所在结算细则中都明确规定有价证券所充抵期货保证金不能全额及时清偿时，交易所有权将用做充抵期货保证金的有价证券按市场价兑现或者变现，用于清偿其充抵的保证金和相关债务。③

同时，郑州商品交易所和大连商品交易所开展仓单充抵期货保证金业务时还要求会员与交易所签订仓单充抵期货保证金协议书（包含标准仓单持有人专项授权书），在协议书中有明确的条款约定会员不能补足标准仓单所充抵的保证金时，交易所有权将标准仓单兑现或变现，兑现或变现所得款项扣除兑现或变现费用后，用于弥补其充抵的保证金，并清偿由此产生的其他债务，兑现或变现金额不足以清偿其充抵的保证金和相关债务的，交易所

---

① 《郑州商品交易所结算细则》和《郑州商品交易所标准仓单管理办法》，2014年7月版。

② 《上海期货交易所结算细则》、《郑州商品交易所结算细则》、《大连商品交易所结算细则》。

③ 同上。

有权继续向会员追索。①

第五节 相关结论和启示

一、要合理确定可充抵保证金的有价证券的范围和折扣率

国内融资融券、转融通业务以及仓单充抵期货保证金业务的实践经验都表明，合理确定可充抵保证金的有价证券的范围是开展国债充抵保证金业务的重要一环。融资融券和转融通业务均选择市场流动性好、价格波动相对较小，主营业务稳定、法人治理结构完善的股票作为充抵保证金的证券，并以同样的标准来选定基金和债券等有加证券。仓单充抵期货交易保证金业务也主要选取标准化的标准仓单充抵交易保证金，以方便投资者缴存和提取，并提高标准仓单的流通价值。未来开展国债充抵保证金业务，也要合理确定国债的范围，选取流动性好、价格透明度高、易估值的国债作为充抵国债，剔出柜台市场交易的国债、电子储蓄式国债等不适合充抵保证金的国债。

二、要有完善的保证金和担保品管理制度

有价证券充抵保证金业务是对传统保证金业务的创新和发展，其实现和开展必须要有完善的保证金制度和担保品管理制度相配套。融资融券和转融通业务的经验表明，科学的保证金制度

① 《郑州商品交易所期货交易风险控制管理办法》和《郑州商品交易所结算业务指引》。

设计，包括保证金比例、现金比例以及维持担保比例等制度设计是开展有价证券充抵保证金业务的重要基础，能够有效地防范信用风险和相关市场风险，保障信用交易的顺利进行。未来开展国债充抵保证金业务要充分借鉴国内有价证券充抵保证金制度的经验，设计完善合理的保证金制度和担保品管理制度，保障相关交易的平稳运行。

三、高效的担保品处置是有价证券充抵保证金的核心制度

和国际市场有价证券充抵保证金业务的经验一样，国内融资融券和仓单充抵期货交易保证金的业务实践也表明，高效的担保品处置制度是有价证券充抵保证金业务的核心制度和重要环节。只有实现对违约投资者的迅速、高效处置，才能保障证券交易和期货交易对手方和中央对手方的合法权益，避免出现系统性风险，保障相关交易的顺利进行。因此，未来无论是开展国债作为期货交易保证金业务还是开展国债充抵其他衍生品交易保证金业务，均要以构建高效、安全的担保品处置制度为基本前提和必备制度。

第四章 我国法律对国债担保品业务的规范及存在问题

国债因风险低、流动性高、价值稳定，已成为国内外市场应用最广泛的担保品，而以国债充抵交易保证金，将提高资金使用效率，降低交易成本，盘活存量国债，对市场发展具有重要意义。研究国债充抵保证金问题须从法律基础、市场环境、业务规则、实务操作等各方面进行深入分析，探索出一条既符合法律规定又适应市场实践，且可持续发展的道路。

第一节

我国现行法律对国债充抵交易保证金制度的规范

一、《物权法》关于担保和担保品

国债充抵保证金作为履行保证金债务的担保，具有担保属性，受《物权法》《担保法》等法律法规的调整。《物权法》由中华人民共和国第十届全国人民代表大会第五次会议于2007年3月16日通过，自2007年10月1日起施行。其中有关担保物权的制度是在《担保法》及其司法解释的基础上作了补充、修改和完善。关于《物权法》与《担保法》如何适用问题，《物权法》第一百七十八条作了原则性规定："担保法与本法的规定不一致的，适用本法"。①

（一）担保品的范围

《物权法》第二百二十三条规定："债务人或者第三人有权处分的下列权利可以出质：(1) 汇票、支票、本票；(2) 债券、存款单；(3) 仓单、提单；(4) 可以转让的基金份额、股权；(5) 可以转让的注册商标专用权、专利权、著作权等知识产权中

① 《中华人民共和国物权法》（中华人民共和国主席令第六十二号）相关条款，载 http://www.gov.cn/flfg/2007-03/19/content_554452.htm，2014年3月1日访问。

的财产权；（6）应收账款；（7）法律、行政法规规定可以出质的其他财产权利。[①] 根据该条规定，国债充抵保证金业务属于《物权法》中规定的权利质权范畴。

（二）权利质权的设立

《物权法》第二百二十四条规定："以汇票、支票、本票、债券、存款单、仓单、提单出质的，当事人应当订立书面合同。质权自权利凭证交付质权人时设立；没有权利凭证的，质权自有关部门办理出质登记时设立。"[②]根据该条规定，以汇票、支票、本票、债券、存款单、仓单、提单出质的，双方当事人应当订立书面质权合同。合同内容一般包括被担保债权的种类和数额，债务人履行债务的期限，出质权利的名称、数额，担保的范围等。合同订立后，质权并不当然设立。以汇票、支票、本票、债券、存款单、仓单、提单出质的，其质权设立的情形可分两种：

第一，有权利凭证的，质权自权利凭证交付质权人时设立。权利凭证是指记载权利内容的象征性的证书，通常采用书面形式，如汇票、支票、本票、存款单、仓单、提单和一部分实物债券等都有权利凭证。此时出质人需要将该权利凭证交付给质权人，质权自交付时设立。

第二，没有权利凭证的，质权自有关部门办理出质登记时设立。在我国债券的发行、登记和托管基本实现了无纸化，这些债券没有权利凭证，如果要出质，就必须到法律、法规规定的有关登记部门办理出质登记，质权自登记时设立。按照目前我国国债的登记托管体系，国债的出质登记应到中央国债登记结算有限责任公司或中国证券登记结算有限责任公司办理。

---

① 《中华人民共和国物权法》（中华人民共和国主席令第六十二号）相关条款，载 http://www.gov.cn/flfg/2007-03/19/content_554452.htm，2014 年 3 月 1 日访问。

② 同上。

（三）担保品的处置

《物权法》第一百七十条规定："担保物权人在债务人不履行到期债务或者发生当事人约定的实现担保物权的情形，依法享有就担保财产优先受偿的权利，但法律另有规定的除外"。[①]《中华人民共和国物权法释义》中对法律另有规定的情形进行了解释，其中包括对新修订的《破产法》明确一定比例的职工工资优先于担保物权受偿。第二百一十九条规定："债务人不履行到期债务或者发生当事人约定的实现质权的情形，质权人可以与出质人协议以质押财产折价，也可以就拍卖、变卖质押财产所得的价款优先受偿。质押财产折价或者变卖的，应当参照市场价格。"该款明确实现质权清偿程序可以通过与出质人协议方式或是拍卖、变卖方式。另外，《担保法》第六十六条也规定："出质人与质权人在合同中不得约定在债务履行期届满质权人未受清偿时，质物的所有权转移为质权人所有。"[②]

二、融资融券业务有关担保规定

融资融券交易，又称证券信用交易，是指授信机构（证券公司）接受客户（投资者）一定保证金的担保，贷于客户买进证券的资金或者卖出证券的该种证券，并办理清算；而以买进的证券或者卖出的价款作为担保，客户则可在一定期间内以相反方向的买卖或现金、现券方式偿还的交易。融资融券交易是证券信用交

---

① 《中华人民共和国物权法》（中华人民共和国主席令第六十二号）相关条款，载 http://www.gov.cn/flfg/2007-03/19/content_554452.htm，2014 年 3 月 1 日访问。

② 《中华人民共和国物权法》、《中华人民共和国担保法》相关条款，载 http://www.gov.cn/flfg/2007-03/19/content_554452.htm，http://www.gov.cn/banshi/2005-09/01/content_68752.htm，2014 年 3 月 1 日访问。

易的一种，信用离不开担保，在信用交易中，担保起到了重中之重的作用，担保关系是整个融资融券交易过程中最为核心的关系。在融资融券交易中，投资者在向证券商借贷金钱或证券时，须向证券商交纳保证金，作为证券商债权的担保，在此担保过程中，包含三个层面：一是客户在办理融资融券买卖时，提交初始保证金；二是在动态交易过程中，融资买入的证券、融券卖出所得的价款，当然地成为担保品存放于证券商处；三是维持担保品，即当担保品价值与债务比例低于担保维持比例时，客户应按要求补缴新的担保物，以维持最低担保比例，否则证券公司为控制风险，可以"强制平仓"，即处分担保物。

（一）担保品的管理

2008 年颁布实施的《证券公司监督管理条例》（国务院令第 522 号）明确了融资融券交易的法律构造，界定了各方当事人的权利义务和法律关系，奠定了我国证券信用交易的法律基础，其中创造性地引入了学理上的信托让与担保制度的设计至关重要。

《证券公司监督管理条例》第五十条规定："证券公司从事融资融券业务，应当与客户签订融资融券合同，并按照国务院证券监督管理机构的规定，以证券公司的名义在证券登记结算机构开立客户证券担保账户，在指定商业银行开立客户资金担保账户。"第五十二条规定："证券公司向客户融资融券时，客户应当交存一定比例的保证金。保证金可以用证券充抵。客户交存的保证金以及通过融资融券交易买入的全部证券和卖出证券所得的全部资金，均为对证券公司的担保物，应当存入证券公司客户证券担保账户或者客户资金担保账户并计入该客户授信账户。"①

① 《证券公司融资融券业务试点管理办法》（中华人民共和国国务院第 522 号令），载 http：//www. chinamil. com. cn/site1/xwpdxw/2008 – 04/24/content_ 1218628. htm，2014 年 6 月 2 日访问。

证监会发布的《证券公司融资融券业务试点管理办法》对融资融券的担保品管理也进行了明确规定。第 10 条规定："证券公司经营融资融券业务，应当以自己的名义，在证券登记结算机构分别开立融券专用证券账户、客户信用交易担保证券账户、信用交易证券交收账户和信用交易资金交收账户。融券专用证券账户用于记录证券公司持有的拟向客户融出的证券和客户归还的证券，不得用于证券买卖；客户信用交易担保证券账户用于记录客户委托证券公司持有、担保证券公司因向客户融资融券所生债权的证券；信用交易证券交收账户用于客户融资融券交易的证券结算；信用交易资金交收账户用于客户融资融券交易的资金结算。"第 11 条规定："证券公司经营融资融券业务，应当以自己的名义，在商业银行分别开立融资专用资金账户和客户信用交易担保资金账户。融资专用资金账户用于存放证券公司拟向客户融出的资金及客户归还的资金；客户信用交易担保资金账户用于存放客户交存的、担保证券公司因向客户融资融券所生债权的资金。"①

上述的各项规定可见，我国严格区分正常交易账户和信用交易账户，要求证券商经营融资融券业务，应当以自己的名字，在证券登记结算机构开立融券专用证券账户、客户信用交易担保证券账户、信用交易证券交收账户和信用交易资金交收账户；在商业银行开立融资专用资金账户和客户信用交易担保资金账户。单独设立担保资金账户是因为证券的市价随时在改变，不如现金担保价值高，因此设立资金和证券两个不同账户，可以客观地掌控客户的信用情况，以确保证券公司债权的实现，这样担保机制的设立，有利于维护证券公司的利益，防止投资者过度投机。

① 《证券公司融资融券业务试点管理办法》（证监发［2006］69 号），2006 年 6 月 30 日中国证券监督管理委员会公布，2011 年 10 月 26 日修订。

（二）担保品的权属

关于融资融券业务中的担保品权属问题，我国突破了现有《担保法》及《物权法》的框架引入了转移占有模式，即法律机制上的让与担保制度。让与担保是一种非典型物的担保制度，其以当事人依权利（所有权）转移方式达成担保信用授受目的为特征。我国《证券公司融资融券业务试点管理办法》第 14 条规定："证券公司为所持证券的名义所有人，登记于证券持有人名册。"《融资融券合同必备条款》（以下简称"合同必备条款"）第 6 条规定："投资者自愿将保证金、融资买入的全部证券和融券卖出所得全部资金以及上述资金、证券所称孳息等转移给证券公司，设立证券公司为受托人，投资者和证券公司为共同受益人，以证券公司对投资者的融资融券债权为目的的信托。"关于保证金的处分，《合同必备条款》规定："投资者未按期交足担保物或到期未偿还融资融券债务时，证券公司有权采取强制平仓措施，对保证金予以处分，处分所得优先用于偿还投资者对证券公司所负债务。"深圳证券交易所的《实施细则》还规定："投资者未能按期交足担保物或者到期未偿还融资融券业务的，证券公司应当根据约定采取强制平仓措施，处分客户担保物，不足部分可以向客户追索。"从以上条款可以看出，我国将融资融券交易中担保品的权属归于证券公司所有，这属于典型的让与担保制度。①

三、《期货交易管理条例》关于保证金的规定

《期货交易管理条例》明确规定："保证金是指期货交易者按照规定交纳的资金或者提交的价值稳定、流动性强的标准仓单、

① 《中国证券登记结算有限责任公司担保品管理业务实施细则（适用于转融通）》、《中国结算上海分公司证券出借及转融通登记结算业务指南（试行）》等。

国债等有价证券，用于结算和保证金履约。”根据《期货交易管理条例》，《期货交易所管理办法》对有价证券充抵保证金的具体业务规则进行了详细规定。第七十一条对交易所可以接受的有价证券进行了规定：“期货交易所可以接受以下有价证券充抵保证金：（一）经期货交易所认定的标准仓单；（二）可流通的国债；（三）中国证监会认定的其他有价证券。以前款规定的有价证券充抵保证金的，充抵的期限不得超过该有价证券的有效期限。”第七十五条对有价证券的提交流程进行了规定：“客户以有价证券充抵保证金的，会员应当将收到的有价证券提交期货交易所。非结算会员的客户以有价证券充抵保证金的，非结算会员应将收到的有价证券提交结算会员，由结算会员提交期货交易所。”①

第二节

我国开展国债充抵保证金业务的法律路径

国债充抵保证金业务的顺利开展有赖于正确的路径选择和合理的制度构建，目前，我国开展国债充抵保证金的担保安排有两种可考虑的途径：一是基于《担保法》和《物权法》构建的权利质押模式；二是借鉴融资融券业务采用的转移占有模式。

一、权利质押模式的优势和不足

（一）权利质押模式的优势

依照我国《物权法》与《担保法》，保证金交易的法律属性

① 《期货交易管理条例》，见《中国金融期货交易所业务规则汇编》，2013 年 10 月版。

为担保物权。担保物权是指为确保债权的实现，在债务人或第三人的质物上设定的以直接取得或者支配其交换价值为内容的权利。担保物权包含抵押与质押两种基本类型，前者主要针对不动产而言，后者则针对动产与权利而言。所以，保证金交易在本质上应为一种质押制度。

我国《物权法》第二百零八条规定："为担保债务的履行，债务人或者第三人将其动产出质给债权人占有的，债务人不履行到期债务或者发生当事人约定的实现质权的情形，债权人有权就该动产优先受偿。前款规定的债务人或者第三人为出质人，债权人为质权人，交付的动产为质押财产。"《担保法》第六十三条也作出了类似规定。在保证金交易制度中，保证金提供方即为出质人，接受方即为质权人，而保证金即为质押财产。①

以质押财产的标的不同，《物权法》与《担保法》将质押细分为动产质押与权利质押。《担保法解释》的"动产质押"部分第八十五条规定，债务人或者第三人将其金钱以特户、封金、保证金等形式特定化后，移交债权人占有作为债权的担保，债务人不履行债务时，债权人可以以该金钱优先受偿。说明保证金属于动产质押。《物权法》"权利质权"部分第二百二十三条规定，债务人或第三人有权处分的下列权利可以出质：汇票、支票、本票、债券……说明充抵保证金的债券应当属于权利质押。

动产质押与权利质押的质权生效方式不同：

动产质押，质权于质物交付时设立。《物权法》"动产质权"部分第二百一十二条规定，质权自出质人交付质押财产时设立。该条用于规范动产质押行为，也就意味着属于动产质押的保证金符合该条规定，因此现金作为保证金应转移占有。

而对于权利质押，有权利凭证的，质权自权利凭证交付质权人时设立；没有权利凭证的，质权自有关部门办理出质登记时设

① 《中华人民共和国物权法》（中华人民共和国主席令第六十二号）相关条款，载 http://www.gov.cn/flfg/2007-03/19/content_554452.htm，2014 年 3 月 1 日访问。

立。《物权法》第224条规定，以汇票、支票、本票、债券、存款单、仓单、提单出质的，当事人应当订立书面合同。质权自权利凭证交付质权人时设立；没有权利凭证的，质权自有关部门办理出质登记时设立。① 因此，对于汇票、支票等，因其具有实物形态的权利凭证，若不转移占有则质押失去意义；但对于没有权利凭证的，因为其权利以在登记托管机构的记载为依据，因此质押以登记托管机构的出质登记为准。目前，我国债券已完全实现无纸化发行，实行电子化确权，已无实物权利凭证。因此，对于债券而言，选择经由登记托管机构的户内出质模式符合《物权法》相关要求。

此外，我国《物权法》《担保法》的立法体系将物权明确区分为所有权、用益物权、担保物权等，也就意味着担保物权与所有权有着清晰的边界。《物权法》第四十条规定，所有权人有权在自己的不动产或者动产上设立用益物权和担保物权。用益物权人、担保物权人行使权利，不得损害所有权人的权益。② 说明不管是保证金还是质押券，不管是动产质押还是权利质押，质物的所有权仍属于出质方，并不转移至质权方。

在我国现有的股票质押贷款业务中，也体现了对于性质上不能以交付权利凭证而设定质权的财产权利，则以登记为质押合同生效和质权设定的要件的法律精神。根据我国《物权法》第二百二十六条的规定，以基金份额、证券登记结算机构登记的股权出质的，质权自证券登记结算机构办理出质登记时设立；以其他股权出质的，质权自工商行政管理部门办理出质登记时设立。为此，2008年国家工商总局颁发了《工商行政管理机关股权出质登

① 《中华人民共和国物权法》（中华人民共和国主席令第六十二号）相关条款，载http：//www.gov.cn/flfg/2007－03/19/content_554452.htm，2014年3月1日访问。

② 同上。

记办法》也进一步明确和落实了股权质押登记的实施细则。① 在股票质押贷款业务中，证券登记结算机构与工商行政管理部门均可实现作为担保品的股票的快速处置。因此，同属证券的债券应比照股票进行出质登记质押。

综上分析，权利质押模式的法律依据明确，按此模式开展国债充抵保证金业务不仅对现行法律机制冲击最小，而且不会产生转移占有模式的法无明定，甚至导致违反物权法的重大争议。

（二）权利质押模式的不足

1. 转质押的适用范围可能存在不确定性

转质是指在质权关系存续期间，质权人以自己的责任或经出质人同意，为供自己或他人债务的担保，将质权转移于第三债权人而为其设定新质权的行为。转质押的制度价值和实践意义在于转质能够更好地实现物的利用。质物一般都具有使用价值和交换价值，质权人对质物只有占有权而无使用权，质物的使用价值不能得以发挥，从而不能更好地发挥质物的经济效用。而质物的再次设质，能够避免对物的简单占有和使用，这从另一角度克服了质物使用价值利用率低的缺陷，充分发挥质物的担保功能，使其价值得到极大的张扬。与有价证券充抵保证金制度密切相关的是，转质赋予质权人利用有价证券的权利，激励质权人对质物善加利用，最大限度发挥有价证券的资金融通功能，增强市场的流动性。

我国期货市场的组织结构实行分层管理，期货交易的结算和风险管理按照交易所对会员、会员对投资者进行逐层管理，实行会员分层结算的交易所会员又分为结算会员和非结算会员两个层

① 《工商行政管理机关股权出质登记办法》（国家行政管理总局令第 32 号），载 http：//www. gov. cn/gzdt/2008 –09/04/content_ 1087665. htm，2014 年 3 月 1 日访问。

次。若不采用转质押，以直接质押模式开展国债充抵保证金业务将难以匹配期货交易中投资者、会员、交易所多层次的债权债务关系。首先，从质押关系来讲，由于质押登记建立在投资者与交易所之间，因而这一质押登记应是投资者以第三方身份将持有的有价证券质押登记给交易所，作为结算会员对交易所债务的担保。其次，从债权债务关系来说，由于期货市场的分层管理，实际的债权和债务关系分为三个层次：（1）交易所与结算会员之间的债权和债务；（2）结算会员与交易会员之间的债权和债务；（3）会员与投资者之间的债权和债务。这将导致违约后的质押证券处置存在一定问题：第一，投资者对会员违约，会员未对交易所（或其结算会员）违约情况下，由于会员不是质押关系的当事人，一方面会员对作为保证金的有价证券不享有优先受尝权，另一方面会员行使质权处置质物也缺乏相应的法律依据；第二，交易会员对结算会员违约，结算会员未对交易所违约情况下也存在同样问题。简单来说，直接质押模式下，由于会员不是质押关系的当事人，对作为保证金的有价证券不享有优先受偿权，其相关权利的法律保障不足。

相反，在转质押模式下，客户出质行为担保的是其与会员之间的债权债务关系，而会员转质行为担保的其与交易所之间的债权债务关系，体现了期货交易中客户、会员、交易所之间多层次的债权债务和结算关系。在违约处置方面，当会员对交易所违约时，交易所作为转质权人，对作为保证金的有价证券享有第一顺序优先受偿权；而当客户对会员违约时，会员作为原质权人对作为保证金的有价证券也享有第二顺序优先受偿权，相关各方的权益能够得到足够的法律保障。《物权法》第二百一十七条规定："质权人在质权存续期间，未经出质人同意转质，造成质押财产毁损、灭失的，应当向出质人承担赔偿责任。"通过此条规定可知，我国《物权法》承认承诺转质。承诺转质是指质权人征得出质人的同意而将质押财产转质于第三人的行为。

但是，《担保法》对转质押制度的适用进行了较为严格的限制。《最高人民法院关于适用〈中华人民共和国担保法〉若干问题的解释》（下简称“担保法司法解释”）第94条规定：“质权人在质权存续期间，为担保自己的债务，经出质人同意，以其所占有的质物为第三人设定质权的，应当在原质权所担保的债权范围之内，超过的部分不具有优先受偿的效力。转质权的效力优于原质权。质权人在质权存续期间，未经出质人同意，为担保自己的债务，在其所占有的质物上为第三人设定质权的无效。质权人对因转质而发生的损害承担赔偿责任。”① 该规定表明我国司法实务对转质是承认的，但这种承认又是有保留的，主要表现在两个方面：一是只承认承诺转质，而不承认责任转质，这从第94条第二款可明确看出；二是未明确规定权利质权可准用动产质权的转质规定，且在第101条规定，以票据、债券、存款单、仓单、提单出质的，质权人再转让或者质押的无效。因此，对于债券是否能够转质押存在一定的不确定性。

2. 质权实现的时效性和确定性有待加强

我国《物权法》第219条②及《担保法》相关条款均规定，质物的处置方式通常表现为协议转让、拍卖、变卖及司法强制执行。上述规定对债权实现提供了多种可行方案，说明对质押券的违约处置在法律上已无障碍。但是，我国目前的实务操作中，在出质人违约情况下，启动质押证券清偿程序存在以下不确定因素：一是征得出质人书面同意需要时间协调，存在协调成本；二是若征得出质人书面同意未果，进入诉讼或仲裁程序则需要更多

① 《最高人民法院关于适用〈中华人民共和国担保法〉若干问题的解释》（法释号［2000］44号）。

② 我国《物权法》第219条规定：“债务人履行债务或者出质人提前清偿所担保的债权的，质权人应当返还质押财产。债务人不履行到期债务或者发生当事人约定的实现质权的情形，质权人可以与出质人协议以质押财产折价，也可以就拍卖、变卖质押财产所得的价款优先受偿。质押财产折价或者变卖的，应当参照市场价格”。

时间协调、谈判，成本更高。因此，在质物处置过程中，存在出质人故意违约不履行给付变现资金义务的风险，如不借助司法程序，则质押双方在证券质押合同中约定的折价、变卖、拍卖等方式难以实现。因此，采用质押模式作为开展国债充抵保证金业务时应该重点解决违约处置问题，做好违约处置的制度安排，确保质权人能够按照确定的程序处置违约国债。

二、转移占有模式的优势和不足

（一）转移占有模式的优势

以转移占有模式开展国债作为保证金业务，作为保证金的国债将最终过户至交易所账户，交易所能够高效、便捷地处置担保物，有效控制期货结算风险。同时，也符合我国期货市场分级结算的制度设计。从境外交易所的实践来看，对抵押品的控制权和处置权是交易所遵循的基本前提，即作为保证金的抵押品必须由交易所绝对控制，一旦结算会会员违约，交易所能够按照确定的程序及时处置抵押品。因此，转移占有模式成为境外交易所开展抵押品业务的共同选择。转移占有模式在安全性和担保品处置效率方面优于质押模式，符合我国期货市场的分级结算体系安排，并已在我国证券市场的融资融券和转融通业务中进行了成功实践。

（二）转移占有模式的不足

当前，在融资融券、转融通业务中使用的转移占有的担保模式，由《证券公司监督管理条例》《证券公司融资融券业务管理办法》等行政法规所规定，不属于我国《物权法》等基本法规定的担保物权的种类，上位法法律依据相对不足。转移占有模式不仅转移了标的物控制权、处置权等，也存在一并转移担保物的所有权的质疑，与《物权法》和《担保法》相关规定存在冲突：

第一，转移占有模式不属于《担保法》关于担保方式的规定。《担保法》第二条规定，本法规定的担保方式为保证、抵押、质押、留置和定金。《担保法解释》第一条规定，当事人对由民事关系产生的债权，在不违反法律、法规强制性规定的情况下，以担保法规定的方式设定担保的，可以认定为有效。可见，《担保法》规定的担保方式并不包含过户，而没有以担保法规定的方式设定担保的，其有效性无法得到法律承认。

第二，转移占有模式存在与《物权法》关于担保物所有权的规定不一致的质疑。《物权法》第四十条规定，担保物的所有权应归担保人，而不应转移至担保权人。而转移占有模式则是在交易的一开始就已将担保物的所有权转移至担保权人，只有待债务履行完毕，担保物的所有权方可回归担保人，容易被认为与《物权法》关于担保物所有权的规定相冲突。

第三，转移占有模式存在是否违反了禁止流质原则的质疑。《担保法》、《物权法》均明确禁止流质，即禁止双方当事人在担保合同中预先约定，债务人届期未履行债务时，担保物归担保权人所有。而在转移占有模式下，担保人提供担保的方式是将担保物的所有权转移给担保权人，即当债务未届清偿期之前债权人就已经获得了担保物的所有权，形式上存在与禁止流质原则不一致的地方，也因此可能被质疑是否与禁止流质原则相违背。

综上分析，转移占有模式在我国缺乏一定的基本法法律支持，将其作为债券质押模式将存在一定的法律风险，若发生法律纠纷难以找到合法合理的对抗依据。因此，融资融券业务和转融通业务建立该模式时充分运用了《证券法》的授权，依照《立法法》的规定，通过《证券公司监督管理条例》《证券公司融资融券业务试点管理办法》和《转融通业务监督管理试行办法》，规定了该模式的担保原则和担保物地位。目前，《期货交易管理条例》和《期货交易所管理办法》有关有价证券充抵保证金的规定比较原则，以转移占有模式开展国债作为期货保证金业务需要监管部门出台相关规定解决法律依据问题。

第三节 国债充抵保证金业务中的相关问题

一、充抵保证金的债券强制执行问题

关于期货保证金的强制执行问题，对于会员向期货交易所缴纳的期货保证金，《期货交易所管理办法》第69条规定，期货交易所向会员收取的保证金，只能用于担保期货合约的履行，不得查封、冻结、扣划或者强制执行。期货交易所应当在期货保证金存管银行开立专用结算账户，专户存储保证金，不得挪用。对于客户向期货公司缴纳的交易保证金，《期货公司管理办法》第69条也规定，非因客户本身的债务或者法律、行政法规规定的其他情形不得查封、冻结、扣划或者强制执行客户的保证金和充抵保证金的其他资产。①

从上述规定可以看出，我国目前的立法对期货交易所向会员收取的期货保证金和期货公司向客户收取的保证金的规定是有区别的。对于期货交易所收取的期货保证金，一律不得强制执行；而对于客户交给期货经纪公司的交易保证金，出于客户本身的债务或者法律、法规规定情形下，法律允许对该客户交纳的期货保证金强制执行。

① 《期货交易所管理办法》，载《中国金融期货交易所业务规则汇编》，2013年10月版。

期货保证金账户一般不能成为强制执行的标的，但是，对保证金账户并非绝对不能采取强制措施，在案件判决之后，出现以下情况，人民法院可以对保证金账户采取强制措施：

第一，在期货交易中，如果客户或期货公司的所有期货合约都已平仓，并且没有新的持仓，在此情况下，维持保证金数额为零，此时保证金账户内的全部资金都可以成为强制执行的对象。因此，可以对该项资金采取查封、扣押等保全措施。会员在结算银行存入的结算准备金，在未了结客户持仓的情况下，不能成为保全的对象。只有当了结客户持仓的情况下，该部分结算准备金得到释放，才能够成为人民法院保全的对象。

第二，如果客户或期货公司尚有期货合约未平仓，此时若对保证金账户采取强制措施，必须严格掌握。只有在该账户保证金满足交易保证、维持保证金、追加保证金以及交易所章程所要求的其他费用后仍有剩余的保证金才可以成为强制执行的对象，采取相应的保全措施。

第三，人民法院还可以指定期货交易纠纷的双方进行协商，在协商确定的价位进行平仓后，对保证金剩余部分采取保全措施。但是在此种情况下，对保证金账户采取强制措施时，应当平等保护债权人和债务人的利益，不得故意损害权利人的利益。如果当事人双方不能就协议平仓价位达成一致，如属确有必要，可由人民法院限期撮合平仓，但应特别审慎，要根据风险程度确定平仓时机。如果期货市场价格走向有利于义务人的，经权利人同意，可以对平仓时间予以宽展，以免损害义务人的期限利益。

此外，《最高人民法院关于审理期货纠纷案件若干问题的规定》中明确，人民法院不得冻结、划拨期货保证金账户中的资金。对于冲抵保证金的债券的对抗强制执行问题，并没有明确。因此，不管采用何种业务实现模式，充抵保证金的债券均面临着强制执行的风险，在这方面亟需法律法规的支持。①

二、充抵保证金的债券登记托管及债权确认

根据《证券法》《银行间债券市场债券登记托管结算管理办法》的相关规定，债券登记托管机构具有办理债券登记、提供债券的质押物管理服务、代理拨付债券兑付本息和相关收益等职能。开展国债充抵保证金业务将出现担保国债的权益确认、付息、兑付等情况。

我国国债的债权登记托管机构须由主管部门指定。《中华人民共和国国债托管管理暂行办法》第五条规定，国债托管实行全国集中、统一管理的体制，财政部授权中央国债登记结算有限责任公司依本办法按照不以营利为目的原则主持建立和运营全国国债托管系统，并实行自律性管理。②《银行间债券市场债券登记托管结算管理办法》第五条规定，中央国债登记结算有限责任公司是中国人民银行指定的债券登记托管结算机构。第六条规定，债券登记托管结算机构承担债券中央登记、一级托管及结算职能；经中国人民银行批准的柜台交易承办银行承担商业银行柜台记账式国债的二级托管职能。③ 可见，在银行间债券市场实行一级托管模式，中央结算公司为总托管人；柜台市场实行二级托管模式，中央结算公司为一级托管人，经中国人民银行批准的柜台交易承办银行为二级托管人。债权确认只能由授权的托管机构进

① 《最高人民法院关于审理期货纠纷案件若干问题的规定》，载《中国金融期货交易所业务规则汇编》，2013 年 10 月版。

② 《中华人民共和国国债托管管理暂行办法》（财国债字［1997］25 号），载 http：//www. mohurd. gov. cn/zcfg/200611/t20061101_ 159617. html，2014 年 2 月 1 日访问。

③ 《银行间债券市场债券登记托管结算管理办法》（中国人民银行令［2009］第 1 号，http：//www. gov. cn/flfg/2009 -03/30/content_ 1271956. htm，2014 年 2 月 1 日访问。

行，各托管机构均须取得监管部门批准资格。对于交易所市场，《证券登记结算管理办法》第八条指出："证券登记结算机构履行证券持有人名册登记及权益登记职能。"第二十六条指出："上市证券的发行人，应当委托证券登记结算机构办理其所发行证券的登记业务。"第二十七条指出："证券登记结算机构根据证券账户的记录，确认证券持有人持有证券的事实，办理证券持有人名册的登记。"由此进一步明确了登记托管机构进行证券登记及确认权利的职责。交易所市场实行二级托管模式，即实际投资人在证券公司开立证券账户，证券公司再以结算参与人的名义在中国结算公司开立证券账户。对于跨市场流通品种实行总分托管，即中央结算公司为总托管人，中国结算公司为分托管人。①

由于国债充抵保证金业务中，交易所并不具备证券登记托管机构资格。若由交易所对债权进行确认，甚至进一步以此为基础完成付息兑付的话，则超越了交易所的业务范围，此部分债权确认及以此为基础的所有相关业务无法得到法律上的认可。因此，开展国债充抵保证金业务时，不管采用何种业务模式，均应按照我国国债现行登记托管体系，担保品管理由登记托管机构统一管理，托管机构提供担保品核算、盯市、置换、调整以及担保品相关的登记、确权、付息兑付等统一服务，交易所应配合登记托管机构共同做好担保品管理工作。

三、充抵保证金的债权会计处理问题

如果采用转移占有模式开展国债充抵保证金业务，需要投资者将所持有的国债转移到交易所在登记托管机构的国债托管账户。这可能与会计准则的相关要求出现冲突，给商业银行等金融

① 《证券登记结算管理办法》，2006 年 4 月 7 日中国证券监督管理委员会令第 29 号公布，根据 2009 年 11 月 20 日中国证券监督管理委员会《关于修改〈证券登记结算管理办法〉的决定》修订。

机构带来了会计处理的不便：一是资产分类问题。根据目前会计准则规定，金融机构持有的金融资产分为四类：交易类①、持有至到期类②、应收款项类③和可供出售类。④ 出于会计核算的考虑，目前多数金融机构对金融资产进行初始确认时，将大部分资产划分为持有至到期投资类，交易性金融资产仅占不到10%。而在实务操作中，金融机构用做质押的债券基本都出自持有到期类，若采用转移占有模式，可能面临金融资产重分类的难题。以商业银行为例，一般情况下，在初始确认时将某金融资产划分为以公允价值计量且其变动计入当期损益的金融资产后，不能重分类为其他类金融资产；后者也不能重分类为前者。⑤ 同时，持有至到期资产重分类为可供出售类资产必须满足严格的要求。⑥ 因此，从会计实践来看，持有至到期资产的重分类并不是常规操作，既面临会计制度合规性问题，也面临财务内控要求问题。二是终止确认问题。根据目前会计准则规定，对于转移所有权的金融资产应终止确认，即意味着该金融资产应该出表。而对于转移占有模式，其所有权已从出质方转移至质权方，理应从出质方出表，因此，将面临更加严格的会计合规检查。采用转移占有模式开展国债充抵保证金业务，债券划转行为的基本前提就是对其具

① 商业银行为获得价差收益而短期持有的债券。

② 商业银行计划持有到期、具有固定金额、明确期限的可交易债券资产。

③ 商业银行不准备立即或在短期内出售、具有固定金额的不可交易债券资产，包括特别国债等。

④ 不属于以上三类的，持有目的主要是进行流动性管理的可出售项目。

⑤ 《企业会计准则第22号——金融工具确认和计量（2006）》（财会［2006］3号）第十九条。

⑥ 《企业会计准则第22号——金融工具确认和计量（2006）》（财会［2006］3号）第十五条：存在下列情况之一的，表明企业没有能力将具有固定期限的金融资产投资持有至到期：（一）没有可利用的财务资源持续地为该金融资产投资提供资金支持，以使该金融资产投资持有至到期。（二）受法律、行政法规的限制，使企业难以将该金融资产投资持有至到期。（三）其他表明企业没有能力将具有固定期限的金融资产投资持有至到期的情况。

有绝对的控制权和处置权，从这一前提来看，金融机构对用来充抵保证金的国债失去了实际控制。目前，会计准则中对于终止确认规定了风险和报酬转移以及是否失去实际控制两个方面，这意味着金融机构需要对充抵保证金的国债进行终止确认。

针对上述问题，可以认为国债充抵保证金业务中的转移占有行为并不是传统的交易过户行为，这个过程中的国债划转并不存在债券性质的变化，也不存在与会计准则相违背的问题。对于会计处理问题，可以通过交易所、托管机构的相关制度和业务规则，共同佐证会计处理上的瑕疵，解决金融机构面临的会计审计问题。但是，这一处理方式客观上可能改变现行会计处理模式，实质上是建立了新的规则，其合理性和可操作性存在一定的不确定性。

相反，采用户内出质登记模式，充抵保证金的国债没有过户，只是冻结在出质方账户内，因此对会计处理没有影响。在初始确认上，都不必改变其原有分类；在后续计量和计提减值方面，按照原有分类对应的价值计量方式执行；也不改变原有国债资产四分类的报告要求。因此，不需要面对任何会计处理的问题，更不需要新的法律制度或业务规则来支持。从这方面来说，权利质押模式的户内出质登记更为直接、合理。

第四节 相关结论与建议

一、完善相关法律法规，解决转移占有模式的法律依据问题

依据我国现行法律法规，以权利质押模式开展国债充抵保证金业务的法律依据最为明确，但是从维护市场长期安全稳定运行

来看，转移占有模式应是开展国债作为期货保证金业务的最佳路径。建议以《证券法》修改和《期货法》立法为契机，从法律层面解决转移占有模式在我国证券期货市场的法律依据问题。近阶段，建议通过监管部门出台相关管理办法方式，为转移占有模式提供支持。以转移占有模式开展国债作为期货保证金业务，不仅符合国际通行的最佳业务实践，也与我国期货市场现金保证金业务的运作模式和证券市场融资融券的业务实践相一致，符合我国证券期货市场的未来业务发展方向，因此，由监管部门出台相关管理办法解决转移占有模式的法律依据具有可行性。

（一）转移占有模式符合我国期货市场保证金制度规定

《期货交易管理条例》规定，期货交易应当严格执行保证金制度，由期货交易所向会员、会员向客户收取保证金。《期货交易所管理办法》进一步明确，客户以有价证券充抵保证金的，会员应当将收到的有价证券提交期货交易所；非结算会员的客户以有价证券充抵保证金的，非结算会员应将收到的有价证券提交结算会员，由结算会员提交期货交易所。虽然上述规定并未明确保证金收取和提交行为的具体法律属性，但是“提交”和“收取”等表述含有转移占有的意思。而且，实践中我国期货市场以现金方式提交保证金时采用的也是转移占有的操作模式。以转移占有模式开展国债充抵保证金业务，符合我国期货市场保证金制度的相关规定和现行业务运作。

（二）转移占有模式符合我国证券市场有关业务实践

转移占有模式已在我国证券市场2010年正式启动的融资融券业务中得到了成功实践，目前运作良好。融资融券交易是证券信用交易的一种，信用离不开担保，在信用交易中，担保起到了重中之重的作用，担保关系是整个融资融券交易过程中最为核心的关系。融资融券业务通过《证券公司监督管理条例》和证监会发布的《证券公司融资融券业务管理办法》创造性地引入了学理上的信托让与担保制度的设计，奠定了我国证券信用交易中转移占有模式的法律基础。因此，由监管部门依据《期货交易管理》出台国债作为期货保证金相关管理办法解决转移占有模式的法律依据问题，符合我国证券市场的业务实践。

（三）转移占有模式符合正在修订《证券法》相关规定

随着金融市场产品和业务创新的不断推进，《物权法》《担保法》等规定的传统担保方式已经不能适应证券期货市场业务发展的需要，以法律创新适应市场创新已经成为共识并得以深入推进，融资融券业务等证券信用交易的法律构造已为相关业务的开展提供了宝贵的经验和示范。正在修订的《证券法》已考虑了转移占有模式的法律地位。因此，作为过渡，通过监管部门出台相关业务管理办法，解决转移占有模式作为国债、作为期货保证金业务的法律依据问题符合我国证券期货市场的未来发展方向，具有现实可行性。

二、质押模式下，通过转质押方式解决证券期货市场分层管理问题

我国证券期货市场实行分层管理体系，保证金的收取也是分级进行的，当使用国债充抵保证金时，沿用现有的保证金交收模式，客户需先将其国债质押给会员，会员再将国债转质押给交易所，才能完成国债充抵保证金的交收流程。但是，我国现行《担保法》和《物权法》对国债转质押问题有着不同的规定。

《担保法司法解释》第九十四条规定，质权人在质权存续期间，为担保自己的债务，经出质人同意，以其所占有的质物为第三人设定质权的，应当在原质权所担保的债权范围之内，超过的

部分不具有优先受偿的效力。转质权的效力优于原质权。质权人在质权存续期间，未经出质人同意，为担保自己的债务，在其所占有的质物上为第三人设定质权的无效。质权人对因转质而发生的损害承担赔偿责任。说明《担保法》允许转质押。但《担保法司法解释》第一百零一条又规定，以票据、债券、存款单、仓单、提单出质的，质权人再转让或者质押的无效。若依据此条，国债无法转质押。

另一方面，《物权法》第二百一十七条规定，质权人在质权存续期间，未经出质人同意转质，造成质押财产毁损、灭失的，应当向出质人承担赔偿责任。通过此条规定可知，我国《物权法》承认承诺转质。承诺转质是指质权人征得出质人的同意而将质押财产转质于第三人的行为。

同时，《物权法》第一百七十八条规定："担保法与本法的规定不一致，适用本法。"《担保法》所规定的"国债无法转质押"与《物权法》所规定的"国债可以转质押"存在冲突，依据《物权法》第一百七十八条的规定，《担保法司法解释》中关于"债券在转让或质押无效"的条例失效。因此，我们认为国债转质押是有法律依据且可行的，开展国债充抵保证金业务时，可以采用转质押模式满足证券期货市场的分层管理要求，即通过规则或协议方式要求参与国债充抵保证金的客户同意转质押，客户将债权质押给会员，会员再将债权质押给交易所。

三、质押模式下，做好质押债权的违约处置安排

《物权法》与《担保法》虽然都明确禁止流质，但对快速处置仍留出了空间。如《物权法》第二百一十九条规定，债务人不履行到期债务或者发生当事人约定的实现质权的情形，质权人可以与出质人协议以质押财产折价，也可以就拍卖、变卖质押财产所得的价款优先受偿。《担保法》第七十一条也有类似规定。《证券法》则规定，结算参与人违约，证券登记结算机构可以按业务

规定处置用于担保的证券。由此可知，当使用证券作为担保品或用于充抵保证金时，只要出质人与质权人事先通过协议、业务规则等形式确定违约处理形式，则在债务人违约时，可由证券登记结算机构根据双方事先的约定拍卖或按市场价变卖相关证券，债权人就所得价款受偿，快速处置并无障碍。具体来说，开展国债作为期货保证金业务时，可以通过交易所业务规则，会员与客户的业务协议等方式明确相关违约处置条款，若发生违约情况，由国债登记托管机构按照相关业务规则及协议约定，配合执行质押券的处置。另外，对于质押券对抗强制执行的问题，可由监管部门出台相关规定或通过交易所业务规则来明确，国债登记托管机构按照有关规定或交易所业务规则的配合解决质押券的强制执行问题。

四、担保品由国债登记托管机构统一管理

我国国债的债权登记托管机构须由主管部门指定，国债充抵保证金业务中，交易所并不具备证券登记托管机构资格。因此，开展国债充抵保证金业务时，不管采用何种业务模式，均应按照我国国债现行登记托管体系，担保品管理由登记托管机构统一管理，托管机构提供担保品核算、盯市、置换、调整以及担保品相关的登记、确权、付息兑付等统一服务，交易所应配合登记托管机构共同做好担保品管理工作。

第五章 期货市场国债作为保证金业务研究

国债等有价证券作为期货保证金是指期货交易所的客户、会员以其所持有的有价证券（如标准仓单、国债等）作为履行期货保证金债务的担保行为。有价证券作为期货保证金是境外市场的普遍做法，随着国内期货市场日益成熟，投资者对交易成本的敏感性越来越高，以国债等有价证券作为期货保证金的市场需求越来越迫切。本章在借鉴境内外交易所抵押品业务实践基础上，重点对国债作为期货保证金业务的担保方案进行了比较分析，提出当前阶段我国开展国债作为期货保证金业务的操作方案和风险控制安排。

第一节 国债作为期货保证金的必要性与可行性

一、国债作为期货保证金的必要性

近年来，我国期货市场发展态势良好，运行质量和效率不断提升，市场功能进一步发挥，服务实体经济的能力显著提升，国际影响力日益增强，正处于由量的增长向质的提升转变的关键时期。开展国债作为期货保证金业务，有利于不断提高投资者的资金使用效率，降低期货交易成本，提高市场运行效率，提升市场运行质量，促进期货市场更好地服务资本市场改革和国民经济发展全局。

第一，开展国债作为期货保证金有利于降低投资者成本，提高期货市场运行效率。允许国债作为期货保证金可以提高投资者的资金使用效率，能够显著降低期货交易成本，有利于提高期货市场的流动性，促进期货市场价格发现功能发挥。为分散风险，机构投资者都遵循组合投资的基本原则，将资产配置于在股票、债券和现金等各类资产之间。允许国债作为期货保证金能够更好地服务机构投资者，让本就持有大量国债的机构投资者更加便利、有效地进行资产风险管理，有利于期货市场套期保值功能的发挥。

第二，开展国债作为期货交易保证金业务，有利于改善国债期货市场流动性，提高国债期货市场运行质量。2013 年 9 月 6 日，国债期货在我国资本市场成功上市，上市国债期货是我国 2013 年经济体制改革重点工作之一，是我国多层次资本市场建设取得的重要成果。国债期货上市以来，总体运行平稳，市场功能初步显现，各方评价较好，但是流动性相对不足。国债期货的专业性较强，是一个以机构投资者为主的市场，允许国债作为期货交易保证金有助于吸引债券市场机构投资者参与国债期货交易，有利于改善国债期货市场流动性，提高国债期货市场运行质量。

第三，开展国债作为期货保证金能够拓展国债使用范围，有利于提高国债现货市场流动性，促进国债发行。允许国债作为期货保证金能够拓宽国债的使用范围，有利于增强投资者的持债意愿，提高投资者债券现货交易的活跃度和积极性，从而提高国债现货市场流动性。国债现货市场流动性的改善，可以降低投资者的债券持有成本和交易成本，改善国债发行效率，对于降低国债发行成本、完善国债管理体制具有重要意义。国债作为期货保证金增强投资者的持债意愿主要体现在以下两方面：一是对于持有国债的投资者，由于国债使用范围的拓宽，以国债作为期货交易的保证金提高了其资产使用效率，投资者将更加愿意持有国债；二是对于以现金交易的期货投资者，由于以国债作为期货交易的保证金能在不影响其期货投资策略基础上，获得额外的国债利息收入，因此，投资者将愿意把现金购买成国债再参与期货交易，这将吸引更多投资者持有国债。

二、国债作为期货保证金的可行性

第一，国债作为期货保证金是境外市场的普遍做法。与我国期货市场保证金以现金为主不同，境外交易所广泛接受各类非现金有价证券作为期货交易的保证金，允许抵缴的有价证券包括债券、银行信用证、股票等，其中政府债券是最主要种类。以衍生品市场最为发达的美国市场为例，美国期货和期权市场保证金中非现金抵押品占比超过 90%，现金只占不到 10% 的比例。全球金融衍生品交易服务的行业巨头 CME 集团 2012 年底总计 885 亿美元保证金中，政府债券占比达到 70% 左右，现金保证金只有 66 亿美元，占比不到 8%。为美国股票期权统一结算的 OCC 公司 2012 年底总计 575 亿美元保证金中，政府债券占比为 11.39%，现金保证金只有 10 亿美元，占比不到 2 %。OCC 的保证金中，公司股票和公司债券占据了较大份额，占比高达 48.20%，主要由于其结算的产品以股票期权为主，因而作为基础标的资产的公司股票和公司债券天然成了主要的保证金种类。①

第二，国债是最安全的非现金有价证券，作为期货保证金安全可靠。政府债券之所以成为境外衍生品市场最常见的期货保证金种类，主要由于其价值稳定、易于测定，且流通性较好。首先，政府债券是由国家发行的债券，具有最高的信用度，被公认为是一种收入稳定、风险极低的投资工具，其价值也相对稳定，波动较少，市场风险较低。其次，政府债券现货市场提供了便捷的债券流通和转让渠道，使得一旦出现违约情形，处分违约债券能够迅速出售，不必花费太多的处分费用，而且债券二级市场形成的交易价格也使得债券的价格易于测定，便于合理评估债券价值。另外，由于政府债券发行的无纸化和中央托管，使得债券的交易结算能够迅速地完成，大大降低了管理成本。经过多年的规范发展，我国期货市场已经建立当日无负债结算制度、涨跌停板制度、强行平仓制度等一系列完善的风险控制体系，在此基础上开展国债作为期货保证金业务安全可靠，风险可测可控。

① 数据来源：CME 官方网站。

第二节

国债作为期货保证金的业务实施方案

一、国债作为期货保证金业务的法律关系

国债作为期货保证金业务是指期货交易所的客户、会员以其所持有的国债作为履行期货合约义务的担保行为，担保关系是国债作为期货保证金业务中最为核心的关系。由于我国期货市场的组织结构实行分层管理，期货交易的结算和风险管理按照交易所对会员、会员对投资者进行逐层管理，实行会员分层结算的交易所会员又分为结算会员和非结算会员（交易会员）两个层次。因此，国债作为期货保证金业务中形成如下几层法律关系：

一是客户与会员（期货公司）之间的担保关系。客户以持有的国债作为其参与期货交易的保证金，担保其与会员之间的保证金债务。客户不能履行对会员的保证金债务时，会员有权就相应的担保物获得优先清偿。

二是交易会员与结算会员之间的担保关系。交易会员以客户的国债作为其参与期货交易的保证金，担保其与结算会员之间的保证金债务。交易会员不能履行对结算会员的保证金债务时，结算会员有权就相应的担保物获得优先清偿。

三是结算会员与交易所之间的担保关系。结算会员以交易会员或客户的国债作为其参与期货交易的保证金，担保其与交易所之间的保证金债务。结算会员不能履行对交易所的保证金债务时，交易所有权就相应的担保物获得优先清偿。

从上述几层关系来看，作为期货保证金的国债最终都来源于

客户，客户的国债首先用于担保客户自身与会员之间的保证金债务。同时客户的国债作为第三方资产用于担保交易会员与结算会员之间的保证金债务；担保结算会员与交易所之间的保证金债务。从权利人的优先顺序来看，交易所享有第一优先受偿顺序，结算会员享有第二优先受偿顺序，交易会员享有第三优先受偿顺序。

二、国债作为期货保证金业务的担保方案选择

开展国债作为期货保证金业务的核心问题是业务模式选择，科学、合理的业务模式可以有效防范违约风险、保护债权人的利益、保障期货市场的安全运行。关于国债作为期货保证金这一担保制度的实现方式有两种：一是转移占有模式，客户将作为保证金的国债最终转移占有至交易所在托管机构的国债托管账户中，在会员、客户不能履行债务时，交易所、会员有权就相应的担保物获得优先清偿；二是权利质押模式，客户将作为期货保证金的国债在登记结算机构进行出质登记，会员、交易所取得担保标的物的质权，在会员、客户不能履行债务时，交易所、会员有权就相应的担保物获得优先清偿，根据质押的实现方式和会员在质押法律关系中的地位，权利质押模式可进一步分为转质押模式和直接质押模式。

从境外交易所的实践来看，对抵押品的控制权和处置权是交易所遵循的基本前提，即作为保证金的抵押品必须由交易所绝对控制，一旦结算会员违约，交易所能够按照确定的程序及时处置抵押品，因此，转移占有模式成为境外交易所开展抵押品业务的共同选择。转移占有模式在安全性和担保品处置效率方面优于质押模式，符合我国期货市场的分级结算体系安排，并已在我国证券市场的融资融券和转融通业务中进行了成功实践。质押模式中，转质押模式符合期货市场分级结算的法律关系，但债券转质押是否存在法律障碍目前仍有不同认识。比较而言，直接质押模式法律依据更为明确，符合《物权法》和《担保法》的相关规定，但直接质押模式难以满足期货市场分级结算体系要求，对期

货公司权利的法律保障不足。在客户对期货公司违约的情形下，期货公司对作为保证金的国债不享有优先受偿的权利。而且，质押模式的清偿程序复杂，质押物在质押期间还存在被法院等权力机关冻结的可能。因此，为满足期货市场分级结算体系要求，实现对担保品的快速、安全处置，有效防范相关市场风险，保障我国期货市场长期安全稳定运行，我们认为转移占有模式应作为开展国债作为期货保证金业务的最终目标。但是，国债转移占有模式与我国《物权法》和《担保法》的有关规定不一致，《期货交易管理条例》和《期货交易所管理办法》中的有关规定也不够明确。

综合考虑，我们认为转移占有模式应作为开展国债作为期货保证金业务的最终目标，当前阶段可采取分步推进方式开展国债作为期货保证金业务：一是由于正在修订的《证券法》建议修改稿中已明确了转移占有模式的法律地位，因此，《证券法》修订完成后，应当采用转移占有模式开展国债作为期货保证金业务；或者推动监管部门出台相关管理办法，解决转移占有模式的法律依据问题，直接以国际通行的转移占有模式开展国债作为期货交易保证金业务。二是《证券法》修订完成之前，或监管部门不能出台相关管理办法情况下，以质押模式作为开展国债作为期货交易保证金业务的过渡方案，质押模式下可以通过转质押方式解决期货市场分层体系问题，质押模式下应通过业务规则和合作协议等形式重点解决违约处置问题。

三、国债作为期货保证金的业务操作和违约处置

以下我们基于转移占有模式和质押模式设计了国债交存、国债提取和违约处置的关键业务操作流程。

（一）转移占有模式方案

客户、会员、交易所办理国债作为期货保证金业务时，应在

国债托管机构拥有国债托管账户。为符合期货市场分层管理体系要求，完整体现国债作为期货保证金业务环节中的各方权利和义务，国债的交存和提取逐层进行、分步处理，同时为了兼顾业务运行效率，通过必要方式实现一个交易日内将国债由投资者账户经会员账户，最终交存至交易所账户，反之提取亦同。客户交存国债时，客户向交易会员发起国债交存业务申请，客户申请经交易会员、结算会员和交易审核后，交易所向托管机构发起国债交存业务指令，业务指令内容包括：业务日期、客户国债托管账户号、客户国债托管账户名称、交易会员国债托管账户号、交易会员国债托管账户名称、结算会员国债托管账户号、结算会员国债托管账户名称、交易所国债托管账户号、交易所国债托管账户名称、国债代码、国债全称、国债面额等信息。客户在托管机构业务系统中对交易所的国债交存业务指令确认后，托管机构将国债由客户国债托管账户依次划转至交易会员国债托管账户、结算会员国债托管账户、交易所国债托管账户。客户提取国债的操作流程相似处理，托管机构根据交易所的国债提取指令办理国债划转，国债按照交存路径返回来源账户（见图5－1）。

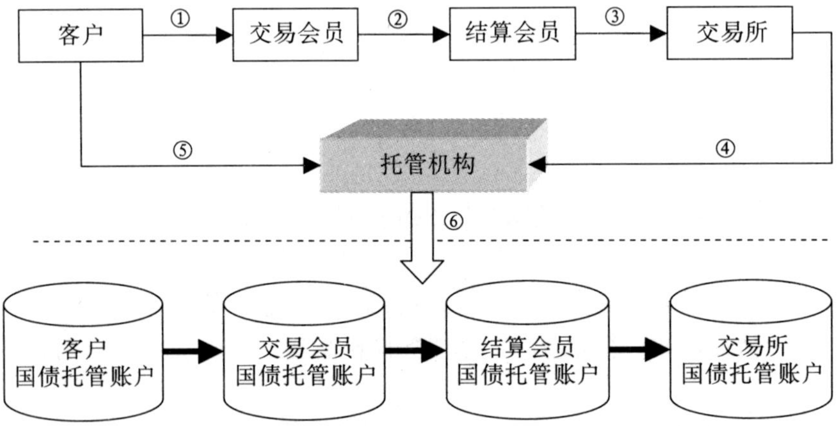

图5－1　转移占有模式国债交存流程

注：该业务方案是对转移过户模式的总体描述，不代表最终操作方案。

违约时，权利人有权将作为保证金的国债进行变卖（变卖的方式可采用直接出售或委托托管机构拍卖等方式），所得价款用于清偿违约方的保证金债务。由于期货市场的分层管理体系，国债作为期货保证金业务中可能有三种违约处置情形：一是结算会员对交易所违约时，交易所将违约国债进行变卖，所得价款项划给交易所用于清偿结算会员的保证金债务。二是交易会员对结算会员违约时，交易所首先根据结算会员的申请向托管机构发起违约处置指令，登记结算结构将相关国债由交易所国债托管账户划转至结算会员国债托管账户，结算会员再将违约国债进行变卖，所得价款划给结算会员用于清偿交易会员的保证金债务。三是客户对会员违约时，交易所首先根据会员的申请（交易会员的申请需经结算会员审核）向托管机构发起违约处置指令，登记结算机构将相关国债划转至会员国债托管账户，会员再将违约国债进行变卖，所得价款划给会员用于清偿客户的保证金债务。

（二）质押模式方案

客户、会员、交易所办理国债作为期货保证金业务时，应在国债托管机构拥有国债托管账户。质押模式下，通过转质押方式解决期货市场分层结算体系关系，同时为提高国债作为期货保证金业务的运作效率，托管机构根据一笔业务指令一次完成转质押登记。客户交存国债时，客户向交易会员发起国债交存业务申请，客户申请经交易会员、结算会员和交易审核后，交易所向托管机构发起国债交存业务指令，业务指令内容包括：业务日期、客户国债托管账户号、客户国债托管账户名称、交易会员国债托管账户号、交易会员国债托管账户名称、结算会员国债托管账户号、结算会员国债托管账户名称、交易所国债托管账户号、交易所国债托管账户名称、国债代码、国债全称、国债面额等信息。客户在托管机构业务系统中对交易所的国债交存业务指令确认后，托管机构一次完成国债转质押登记，客户为出质人，交易会员为质权人，结算会员为交易会员的转质权人，交易所为结算会员的转质权人。客户提取国债的操作流程相似处理，托管机构根据交易所的国债提取指令办理转质押解除，相关国债在客户的国债托管账户中的质押冻结状态解除（见图 5－2）。

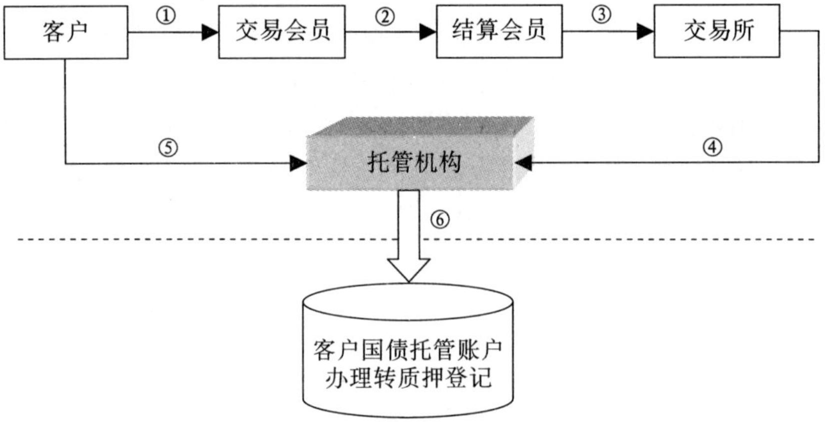

图 5－2　质押模式国债交存流程

注：该业务方案是对质押模式的总体描述，不代表最终操作方案。

违约情况下，首要目标是实现资产保全，仍然将担保证券质押冻结在出质人账户对质权人来说将面临较大的风险，因此，在违约时按照质权人的指令将担保债券划转至质权人国债托管账户，再由质权人按照相关程序进行变卖（变卖的方式可采用直接出售或委托托管机构拍卖等方式）。由于期货市场的分层管理体系，国债作为期货保证金业务中可能有三种违约处置情形：一是结算会员对交易所违约时，期货交易所直接向托管机构发起违约处置指令，托管机构将相关违约国债划转至交易所的国债托管账户，交易所再将违约国债进行变卖，所得价款项划给期货交易所用于清偿结算会员的保证金债务。二是交易会员对结算会员违约时，交易所首先根据结算会员的申请向托管机构发起放弃交易所对结算会员的转质权指令，托管机构解除交易所的转质权人权利后，结算会员向托管机构发起违约处置指令，登记结算结构将相关国债划转至结算会员国债托管账户，结算会员再将违约国债进行变卖，所得价款划给结算会员用于清偿交易会员的保证金债务。三是客户对会员违约时，交易所首先根据会员（交易会员的申请须经结算会员审核）申请向托管机构发起放弃交易所的转质权指令（会员是交易会员的，结算会员同时放弃转质权），托管机构解除转质权人权利后，会员再向托管机构发起违约处置指令，登记结算结构将相关国债划转至会员国债托管账户，会员将违约国债进行变卖，所得价款划给会员用于清偿客户的保证金债务。

第三节 国债作为期货保证金业务的风险控制

从有利于期货市场长期健康发展考虑，开展国债作为期货保证金业务将是必然选择，但在业务推进过程中应坚持稳妥谨慎原则，科学合理设计国债作为期货保证金的国债范围、资金配比、价值评估、折扣比率、最低限额等风险控制制度，保障该项业务平稳运行。

一、有价证券作为期货保证金的证券范围

境外期货交易所除了接受现金交易之外，广泛接受各类有价证券作为期货交易保证金的抵押品，允许抵缴的有价证券种类，一般以债券、银行担保信用证、银行保函及股票等最为常见，其中各类债券是最主要的抵押品。交易所选择可作为期货保证金的有价证券种类和品种主要按照价值稳定和高流动性的原则来选择，交易所可按照该原则定期（如每年）或不定期确定和公布可

用于期货保证金的有价证券品种名单。建议我国开展有价证券作为期货保证金业务时，接受的有价证券范围从国债开始，待业务运行平稳后再根据市场情况逐步扩大到其他债券品种、ETF、大盘蓝筹股、指数成份股等多种有价证券。首先选择国债开展有价证券作为期货保证金业务，主要由于国债的价值稳定透明、易于测定，且流通性较好，国债也是境外交易所业务实践中使用最多的抵押品种类。

二、国债作为期货保证金的资金配比

期货保证金的作用在于履约保证，按照期货市场的当日无负债结算要求，当日收市后，将对结算会员的盈亏、交易保证金及手续费等进行清算，对应收应付的款项实行净额一次划转，相应增加或者减少结算准备金。因此，结算会员的保证金不能完全由有价证券来支付，应当有一定比例以现金形式进行缴纳。根据《期货交易所管理办法》第七十三条规定，有价证券充抵期货保证金的金额不得高于会员在期货交易所专用结算账户中的实有货币资金的4倍，即保证金总额最多80%可以由有价证券充抵。目前，国内商品期货交易所开展标准仓单充抵期货保证金业务统一实行1∶4的资金配比，建议开展国债作为期货保证金业务时采用相同资金配比。①

三、国债作为期货保证金的价值评估

抵押品的管理过程中，一般对抵押品的价格实行逐日盯市制度，即按照抵押品的市场价格逐日对所管理的抵押品进行计价。开展有价证券作为期货保证金业务时应每日对证券价值进行动态

① 《期货交易所管理办法》，载于《中国金融期货交易所业务规则汇编》，2013年10月版。

评估，强化风险管理。目前，《期货交易所管理办法》第七十二条明确规定："国债作为期货保证金的，期货交易所以充抵日前一交易日该国债在上海证券交易所、深圳证券交易所较低的收盘价为基准计算价值。"① 但是，目前，我国国债现货市场的主体在银行间市场，交易所托管和交易的国债占比极少，建议从我国国债现货市场结构出发，兼顾银行间市场和交易所市场的价格信息，以市场接受度较广的相关机构发布的估值数据作为国债的基准计算价格。

四、国债作为期货保证金的折扣比率

为了防范抵押品的价格风险和信用风险，境内外交易所根据抵押品的不同类型，规定了不同的折扣比率，抵押品可用于抵缴保证金的金额为抵押品的市价乘以相应折扣比率之后的金额。对于债券类抵押品，境外期货交易所债券的折扣比率一般在95%左右，并依据债券的不同发行人以及到期日的远近设定不同的折扣比率，到期日越近折扣比率越高。从国内银行间市场来看，普遍选择90%作为国债折扣率，一般认为该折扣率已经能够完全覆盖国债价格的波动。《期货交易所管理办法》第七十三条规定，有价证券充抵期货保证金的金额不得高于有价证券基准计算价值的80%。② 为提高资金使用效率，增加国债作为期货保证金业务对投资者的吸引力，建议开展国债作为期货保证金业务时，不区分国债到期日的远近，将折扣比率统一定为90%。

---

① 《期货交易所管理办法》，载于《中国金融期货交易所业务规则汇编》，2013年10月版。

② 同上。

五、国债作为期货保证金的最低限额

根据“将适当的产品提供给适当的投资者”的原则思想，为保障投资者的合法权益，实现市场的平稳运行，建议开展国债作为期货保证金业务时参考金融期货投资者适当性制度安排，设定国债作为期货保证金的最低限额标准，最低限额标准建议设为每笔最低面值100万元的国债。主要理由如下：

第一，符合境外交易所的担保品管理实践，伦敦交易所（LCH）在其业务规则中明确规定欧洲地区主要国家的国债以及美国国债都可以作为非现金抵押品，其中美国国债最低25万美元，英国国债最低10万英镑，其他国家的国债最低10万欧元。

第二，符合国内商品期货交易所标准仓单业务实践，大连商品期货交易所和郑州商品期货交易所都在业务规则中规定，每次充抵保证金的金额不得低于10万元。

第三，有价证券作为期货保证金业务的主要服务对象应为持有债券现货的机构投资者，设定必要的最低限额标准，可以将部分风险控制能力较弱的普通投资者排除在外，一方面保护了这部分投资者的自身利益，另一方面减少了有价证券作为期货保证金业务的运作风险，有利于为机构投资者提供更好的服务，促进期货市场保值功能的发挥。

第六章
国债预发行中国债充抵保证金业务研究

由于国债预发行保证金成本偏高，市场参与者对国债充抵保证金的需求强烈。本章重点研究了国际市场国债预发行及其保证金规定，对比介绍了我国市场关于国债预发行交易保证金的相关要求。在深入分析国债预发行交易采用国债充抵保证金的必要性和可行性基础上，提出国债充抵预发行保证金的实施初步方案。

第一节 各国国债预发行制度对交易保证金的规定和要求

一、境外国债预发行业务开展情况

目前在美国、奥地利、比利时、加拿大、法国、爱尔兰、意大利、荷兰、瑞典、瑞士、英国等国均存在债券预发行交易的市场的形式。大多数国家在开标日前一周至二周左右即向市场作招标公告。在大多数国家里，预发行交易开始于政府债券发行公告日，结束于债券开标后缴款日（此期间为预发行交易的完整期间）。由于开标日后的第二日即为最后的缴款日，因此，预发行交易的时间很短，其风险相对可控。预发行交易的标的，理论上可以是任何已宣告发行而即将在次级市场挂牌交易的股票、债券，或其他可转让凭证等。但以国债预发行交易占最大宗，地位也最重要。

在美英等国国债预发行交易市场（When－issued market）中，当财政部向市场公告招标债券消息后，如有意愿者即可参加竞标。招标公告时间通常在投标日前一周至前二周，宣布内容为拟发国债的年限、规模、发行时间。国债预发行交易一般延续到国债招标日后，至于开标后到正式发行的时间长短，则依各国国债发行程序而不尽相同。如在加拿大和英国，国债在开标日后的第二日即交割；而在法国，债券预发行交易涵盖的期间更长（从开标日至发行日)，可长达20多天。由于交割标的为尚未发行的公债，卖方必须于交割时握有足够的国债履行交付义务，即投标时必须要标到足够的国债，或者以借券方式取得券源。①

二、国际市场国债预发行交易保证金情况

美国国债预发行主要通过实时交易匹配系统（RTTM）和美联储转移大额付款的系统（Fedwire）记账证券转让服务系统进行结算。其中，RTTM系统归属于政府证券部门，是存储与信托清算公司的一个分支机构；而Fedwire记账系统则归美联储所有。由于美国的国债预发行主要是OTC交易，国债预发行一般是交易对手基于双方信用，对保证金没有统一的规定，即使需要保证金比例也比较低。②

加拿大国债“预发行”指在招标公告日到新发券的交割日之间的交易市场，按其自律机构——投资交易商协会的规定，国债预发行交易的保证金仅为交易额的1/200。可以充当国债预发行保证金的债券范围为属于加拿大政府、英国、美国和任何国外政府（或由其担保）的债券、无抵押债券、国库券和其他债券。③

我国台湾地区的国债预发行由所有的主交易商和一级市场交易商通过证券柜台买卖中心（Gretai Securities）进行交易，由于多达88家交易商参与预发行，且至少一半的交易商非常活跃，预发行的交易量相当可观。台湾国债预发行市场参与者最少在证券柜台买卖中心存放新台币1千万台币作为押金，但不作为保证金，交易的最高金额为冲抵后名义本金的30倍。④

我国香港地区的预发行交易由市场行为而非政府颁布的法规

① 相关信息请参见各国财政部等相关网站。

② 相关信息来源于全国外汇交易中心。

③ 同上。

④ 同上。

主导，主要由经纪商通过电话、彭博及电子邮件达成交易，预发行交易的头寸没有限额，一般不需缴纳保证金。①

总体来说，由于预发行交易存在时间很短，通常国际市场交易者均无须缴纳保证金而只凭交易双方对彼此的信用作承诺。即使一定要收取保证金，则要求也会比一般需要缴交保证金的金融衍生性产品低，且充当保证金除了现金以外，广泛接受国债等各类有价证券作为国债衍生品交易的担保品和保证金。由于预发行交易基本上在交易存续期间并无债券交付，故一般在担保品管理上并不要求常用的逐日盯市，而进行交易的双方也无须在正式推行交割前面临因每日二级市场上债券利率波动所产生的评价困扰。

此外，在大多数国家及地区，主管机关在预发行交易市场并不扮演任何角色，在态度上主要采取自由放任政策，对市场交易者的管理以市场从业者自律为其主要型态。从法律上讲，欧美多数国家对预发行交易市场做市商均给予较宽松发展空间，允许卖空买空的存在，这也是其债券市场发展较为蓬勃原因之一。

第二节

我国国债预发行制度对交易保证金的规定和要求

一、国债预发行的业务背景和相关规定

根据财政部、人民银行和证监会2013年3月联合发布的《关

① 相关信息来源于全国外汇交易中心。

于开展国债预发行试点的通知》的规定，国债预发行是指以即将发行的记账式国债为标的进行的债券买卖行为，即记账式国债招标日前特定期间进行交易，并在国债招标完成后进行交收的债券买卖行为。国债招标日前4个法定工作日至招标日前1个法定工作日可进行国债预发行交易。国债预发行必须于上市日前完成结算。①

（一）国债预发行的业务运作模式

2013年10月，国债预发行交易在上海证券交易所（简称“上交所”）正式推出。上交所与中国证券登记结算有限责任公司（简称“中国结算公司”）共同制定了《上海证券交易所、中国证券登记结算有限责任公司国债预发行（试点）交易及登记结算业务办法》（以下简称《预发行办法》）对业务进行了规定。为确保国债预发行交易风险可控，《预发行办法》中将国债预发行交易的参与者限定为两类投资者：一是可参与上交所债券交易的证券公司、银行、基金管理公司、保险公司等金融机构；二是符合《上海证券交易所债券市场投资者适当性管理暂行办法》相关规定的其他专业投资者。

同时，国债预发行交易实行价格（收益率）申报区间控制。上交所可根据市场情况调整价格（收益率）申报区间，并于调整次日将调整情况报财政部、中国证券监督管理委员会备案。国债预发行交易的竞价交易按“价格（收益率）优先、时间优先”的原则撮合成交。

国债预发行交易期间，上交所在每个交易日闭市后，在其网站披露相应券种在上交所市场的净卖出合计余额。投资者在国债

---

①《财政部 中国人民银行 中国证券监督管理委员会关于开展国债预发行试点的通知》（财库［2013］28号），载 http：//gks. mof. gov. cn/redianzhuanti/guozaiguanli/gzglzcfg/201406/t20140619_ 1101696. html，2014年6月2日访问。

预发行交易完成清算交收后，方可撤销其指定交易。

（二）国债预发行中的担保品管理

根据《关于开展国债预发行试点的通知》规定的基本原则，国债预发行交易实行履约担保制度。以证券账户为基础核算单位计算保证金应收金额，并按结算参与人为单位向结算参与人收取，包括为保证结算参与人对国债预发行单边头寸履行交割义务而收取的履约保证金和为保证结算参与人对国债预发行平仓头寸履行结算义务而收取的价差保证金。

根据《预发行办法》的相关规定：国债通过价格招标发行的和通过利率招标发行的，其预发行交易保证金分别按照不同标准计算收取；证券公司向投资者收取保证金，不得低于中国结算向结算参与人收取的标准；国债预发行交易期间，中国结算于每个交易日日终核算应收保证金金额并于次日向结算参与人收取保证金。向结算参与人收取的保证金于国债预发行交易交收日交收完成后返还。如果结算参与人发生资金交收违约且证券处置所得不足以弥补违约金额，中国结算将动用违约结算参与人缴纳的保证金以弥补不足部分。①

二、国债预发行的保证金制度

从中可以明确看出，财政部、人民银行和证监会发布的《关于开展国债预发行试点的通知》明确“国债预发行交易实行履约担保制度”，但对履约担保的具体形式没有规定。2013 年 9 月 26 日，上海证券交易所、中国证券登记结算有限责任公司联合发布

① 《上海证券交易所、中国证券登记结算有限责任公司国债预发行（试点）交易及登记结算业务办法》，载于上海证券交易所、中国证券登记结算有限责任公司官方网站。

的《国债预发行（试点）交易及登记结算业务办法》（简称“办法”），对国债预发行交易保证金做出如下具体规定，中国结算公司以证券账户为基础核算单位计算保证金应收金额，并按结算参与人为单位向结算参与人收取履约保证金和价差保证金。

（一）履约保证金

履约保证金即为保证结算参与人对国债预发行单边头寸履行交割义务而收取的保证金。履约保证金比例由上交所和中国结算公司确定并向市场公布。

价格招标履约保证金的计算公式为：履约保证金 = Σ每个证券账户单边头寸成交金额 × 履约保证金比例。

利率招标履约保证金 = Σ每个证券账户单边头寸成交面值 × 履约保证金比例。

（二）价差保证金

价差保证金，即为保证结算参与人对国债预发行平仓头寸履行结算义务而收取的保证金。

其中单边头寸是指单向净买入或净卖出的头寸，平仓头寸是指先买入后又卖出或者先卖出后又买入的头寸。平仓头寸按成交时间由先到后的顺序予以确定。

价格招标的价差保证金计算。价差保证金按买卖价差核算，并对亏损部分收取，计算公式为：

价差保证金 = max[0, Σ(平仓头寸面值 × 买入成交价格/100) - Σ(平仓头寸面值 × 卖出成交价格/100)]

利率招标的价差保证金计算。价差保证金按预期亏损额的120%收取。计算公式为：

价差保证金 = max（0，预期亏损额）×120%

其中，预期亏损额 = Σ(平仓头寸面值 × 卖出收益率 × 参考久期)－∑(平仓头寸面值×买入收益率×参考久期)。参考久期由上交所在该国债预发行交易品种上市时公布，其计算公式如下：

$$参考久期=\frac{1}{y}\left(1-\frac{1}{(1+y/f)^{f\times n}}\right)$$

其中，y 为上交所公布的该期限国债到期收益率；f 为年付息频率；n 为标的国债发行期限。①

三、保证金的收取方式

目前，在实际操作中，国债预发行交易保证金均采用现金作为唯一交纳方式，中国结算公司以证券账户为基础核算单位计算保证金应收金额，并按结算参与人为单位向结算参与人收取。证券公司向投资者收取保证金，不得低于中国结算向结算公司参与人收取的标准。

四、保证金的收取和返还

中国结算公司通过结算参与人结算备付金账户收取和返还保证金，收取和返还数据通过结算明细文件发送结算参与人。中国结算公司将保证金存放于结算参与人价差保证金账户，与该账户内其他保证金分别核算。

国债预发行交易期间，中国结算公司于每个交易日日终核算应收保证金金额并于次日向结算参与人收取保证金。向结算参与人收取的保证金于国债预发行交易交收日交收完成后返还。

总体上讲，相关规则并没有规定保证金必须采用现金方式缴

① 《上海证券交易所、中国证券登记结算有限责任公司国债预发行（试点）交易及登记结算业务办法》，载于上海证券交易所、中国证券登记结算有限责任公司官方网站。

纳，无论是财政部、人民银行和证监会发布的《关于开展国债预发行试点的通知》，还是上海证券交易所、中国证券登记结算有限责任公司联合发布的《国债预发行（试点）交易及登记结算业务办法》均没有限制国债充抵预发行保证金。国债充抵预发行交易保证金没有相关法律和规则障碍。

第三节

国债充抵预发行交易保证金的必要性

一、国债预发行保证金成本偏高，影响参与积极性

目前，国债预发行履约保证金设为10%，主要是从稳起步角度考虑。境外市场对国债预发行交易一般基于双方信用，不收取或较少收取保证金。目前，国内国债预发行交易的保证金比例暂定为10%，保证金水平偏高，也显著高于国债期货的最低2%的保证金水平，较高的保证金增加了市场参与者的资金成本。

初步测算，按6%的机会成本计算，按照现有的国债预发行交易机制，保证金占用天数为5天，故每100元面值债券缴纳10%的保证金占用6天的资金成本为：100×10%×6%×5/365=0.008元，约为0.01元。这表明国债预发行的固定成本0.01元，按7年期国债久期为平均5年，国债收益率变动为0.2BP方可抵补保证金冻结成本，即在不考虑其他资金成本的前提下，国债预发行期间7年期国债收益率波动必须大于0.2BP，国债预发行参与者才有赢利可能。2013年，7年期国债到期收益率日均波动约为3BP，保证金成本占7年期国债收益率日均波动比例约为7%。作为一项固定交易成本，目前国债预发行交易保证金成本偏高，

影响了投资者参与的积极性。

二、市场参与者对国债充抵保证金需求强烈

2013年以来，市场资金面持续紧张，市场机构融资成本不断上升，因此对于资金占用较大的创新业务积极性不高。对于国债预发行参与者来说，一般都有大量国债闲置，特别是目前国债预发行的参与主体是上市商业银行，其持有到期账户中持有大量国债，用国债充抵国债预发行保证金可以减少国债预发行业务对其现金占用，在不影响其投资收益的前提下，可以提高投资者的资金使用效率，提高市场参与者参与国债预发行等创新业务的积极性。

三、国债充抵保证金有利于提高国债的市场吸引力

相对于成熟市场，我国国债的流动性明显偏低。我国国债的年换手率仅在1.3倍左右，而欧美成熟市场国债年换手率普遍超过10倍。国债流动性较低与其持有者结构有关系，国债主要被商业银行和保险公司持有，其他类型的金融机构如券商、基金持有国债的比重均较低，这反映了国债的市场吸引力的不足。在欧美成熟市场，国债不仅是无风险证券，更是被普遍作为质押品和保证金，这样就大大增加了国债对于各种交易型机构的吸引力，体现在其国债投资者结构非常分散，促进了市场流动性的提高。因此，扩展国债作为担保品功能，允许国债充抵预发行交易保证金，有利于提高国债的市场吸引力，提高我国国债现货的流动性。

第四节

国债充抵预发行保证金的可行性

一、从国际经验来看，国债普遍可用于冲抵交易保证金

境外各交易所除了接受现金之外，均接受各类有价证券作为交易保证金的担保品，其中由于国债具有最高的信用等级，其市场价值稳定、流动性较好、信用风险较小，是担保品的首要选择。各国普遍做法可为国债充抵保证金提供成熟的经验借鉴。

二、国债持仓量较大，流动性不断改善

我国目前发行在外的国债市场存量大，截至 2014 年 1 月底，我国记账式国债存量达 7.8 万亿元，在交易所市场托管量达到 2 300 亿元，是冲抵交易保证金的较好选择。此外，随着货币市场中介在国债市场组织中的作用不断增强，以及 5 年期国债期货推出，我国国债市场流动性明显改善，体现在买卖价差不断缩小，国债流动性风险已经显著降低，有利于国债充当担保品。即使国债现券流动性不佳，由于具有活跃的回购市场，作为担保品的国债很容易进行抵押融资，可以为作为中央对手方的结算机构提供有效的流动性支持，有效管理流动性风险。

三、国债市场基础设施不断改进，估值被市场广泛认可

近年来，在相关监管部门的共同推动下，国债市场基础设施

建设取得明显进展，国债收益率曲线逐步成为金融市场定价基准。在此基础上，银行间和交易所市场分别推出各自市场的国债估值数据，每日更新，已被广泛用作会计核算。目前，市场各方对于国债估值总体比较认可，这为国债充抵保证金提供了技术支持。

四、交易所回购市场为国债充抵保证金提供了风险防范的相关经验

国债充抵保证金在本质上和国债作为质押品业务性质比较接近。交易所回购市场自 20 世纪 90 年代以来，经过多次演变，目前已经具有相对成熟的运作机制和风险控制措施。交易所国债回购市场采取了标准券折算、逐日盯市、欠库扣款等多项风控制度，有效保证了回购市场的安全运行。因此，交易所国债回购市场也可为国债充抵保证金提供了可以借鉴的成功经验。

综上，国债作为现金替代品，作为预发行担保品风险相对可控，没有明显的法律规则障碍，并且交易所市场关于国债质押式回购业务可以为国债充抵保证金提供直接可以借鉴的经验，国债充抵预发行保证金是完全可行的，建议应该大力推动实施。

第五节

国债充抵预发行保证金的实施初步方案

国债充抵预发行保证金面临的风险主要是价格波动风险，而目前交易所市场开展的债券质押式回购中国债也是充当质押品，经过多年不断改进，已经具有相对成熟的运作机制和风险控制措施。因此，国债充抵预发行保证金可以充分借鉴质押式回购的相

关经验和成熟做法，尽快实施。具体而言，国债充抵预发行保证金的方案要点如下：

一、国债充抵预发行保证金的比例限制

在国债预发行业务中，保证金仅是市场参与者履约担保的保证，按照现行国债预发行保证金设计，在国债预发行交收日前不对保证金进行逐日盯市，也不用像期货合约一样每日结算盈亏。因此，国债预发行保证金对于结算支付功能的要求低于期货保证金。建议可允许国债预发行保证金全部可由国债充抵，主要考虑以下几方面的因素：

第一，《期货交易所管理办法》第七十三条规定，有价证券充抵保证金的金额不得高于会员在期货交易所专用结算账户中的实有货币资金的4倍，这意味着有价证券最多可以充抵80%的期货保证金。由于国债预发行不进行逐日盯市，保证金不用于每日结算盈亏，因此，国债预发行保证金对于结算功能要求低于期货保证金，国债充抵预发行保证金的比例应该适当高于充抵期货保证金比例，也就是说，如果以期货保证金相关规定作为参照，国债充抵预发行保证金的比例应该高于80%，合理区间为80%～100%。

第二，在沪、深证券交易所市场，市场参与者除了需要交纳预发行保证金外，还要按照日均成交金额的10%缴纳结算备付金，用于进行实际的交收。结算备付金全部采用现金缴纳，因此，国债预发行保证金仅用于担保交收，而不用于日常结算，可全部由担保品构成。

第三，交易所市场是具有集中交易、流动性很好的回购市场，因而国债具有非常好的融资便利，在必要时可以方便融资。目前，上交所债券质押式回购日均成交量约3 000亿元左右，结算机构可以非常方便地将国债提交作为回购质押券进行回购融资，流动性有较好的保障。因此，即使允许全部预发行保证金可

由国债充抵，在必要时完全可以通过回购融资解决流动性需要，国债充抵保证金和采用现金方式对作为中央对手方的中国结算公司而言差别不大。

总体而言，国债充抵保证金可以在不增加中国结算公司风险的情况下有效减少市场参与者现金占用，降低其资金成本，有利于吸引投资者参与国债预发行市场。由于国债预发行保证金仅发挥担保功能，因此可以允许全部由国债进行充抵。

二、国债充抵保证金的标准和流程

建议可以充抵预发行保证金的国债品种参照可作为回购质押券的国债品种。目前，所有在中国结算公司托管的记账式国债均可以作为回购质押券。因此，所有托管在中国结算公司的记账式国债均可用于充抵国债预发行交易的保证金。

国债提交作为预发行保证金借鉴国债提交作为回购质押券的业务流程，具体可以通过国债出入保证金账户代码方式实现，如国债出入保证金账户代码为106＊＊＊，其中后三位＊＊＊标识不同国债。其中“卖出”表示投资者提交国债作为回购质押券，“买入”表示投资者取回预发行保证金账户中的多余的国债。

中国结算公司在处理国债出入保证金账户的申请时，要对相关余额进行检查并进行前端控制：对于提交进入保证金账户的指令，检查现券余额；对于取回保证金账户中国债的指令，必须确保保证金账户中的现金加上剩余的国债折成的标准券大于等于应缴纳的保证金，否则取回国债的申报指令无效。

三、质押券专户管理

目前，投资者参与国债预发行交易需要结算参与人开立单独的保证金账户，建议参考现有的保证金管理方式，用于充抵预发行保证金的国债存放在保证金账户内，在账户性质、功能上与原有的交易账户上相区分，该账户只能存放国债用于充抵保证金，不能用于交易。投资者申报将国债充抵保证金后，相应国债从投资者账户转移至专用保证金账户。

如果投资者违约，中国结算公司有权处置相应国债，用于弥补损失。对于违约处置款项实行多退少补，如果违约处置款项不足以弥补投资者违约对中国结算公司造成的损失，中国结算公司可向结算参与人进一步追索。

四、国债充抵保证金折扣比率

国债充抵预发行保证金面临的主要风险是由于国债价值波动带来的市场风险。为有效防范此风险，国债充抵预发行交易保证金，需要根据国债的价值进行一定的折扣。在折扣计算标准上，有以下三种方案：

一是采用目前债券质押式回购中国债标准券折算比率标准。交易所债券质押式回购采用标准券制度，将各类不同国债按照一定的折算比率折成标准券。按照现行标准券折算率管理办法，国债标准券折算率 = 上期平均价 ×（1 - 波动率）×0.98/面值。其中，波动率主要用于防范市场风险，而0.98的折扣系数主要防范流动性风险。在质押式回购中，标准券折算比率反映了各国债的质押价值，并且已经实现了逐日盯市，且已经被市场广泛使用。

此种方案的优点是沿用交易所现行折算率制度，目前已被广泛使用，市场参与者都比较熟悉，仅需修改关于发布国债预发行办法的通知的相关内容，操作比较简便。

二是依托债券估值数据，采用风险值法计算国债的折扣比率。国际上计算质押折扣率或者保证金比率有比较通行的做法，即风险值（Value at Risk，VaR）法。风险值的含义是在一定概率水平（置信度，如99.9%）下，某一证券或证券组合价值在未来特定时期内的最大可能损失。基于目前的市场环境，由于90%国债缺乏日常现券交易，我们建议国债价格应基于债券估值而非收盘价数据，并采用风险值法来计算折扣比率，基本步骤如下：

确定计算的数据窗口期 N 天（如 250 天），计算或提取过去最近的 N 个交易日的每日债券估值净价或收盘价数据($P_1,P_2,\cdots,P_N$)；

根据债券估值或收盘价数据计算出过去 250 天持有期为 1 天的资产收益率 $R_t=(P_{t+1}-P_t)/P_t\approx\ln(P_{t+1}/P_t),t=1,2,\cdots,N-1$；

计算出样本收益率的均值（m）和标准差（σ）：

$$m=\frac{1}{N-1}\sum_{t=1}^{N-1}R_t \quad \sigma=\sqrt{\frac{1}{N-1}\sum_{t=1}^{N-1}(R_t-m)^2}$$

该债券在 99.99% 置信水平下持有期为 1 天的 VaR 值：

$$VaR=-(m-4\sigma)=-\frac{1}{N-1}\sum_{t=1}^{N-1}R_t+4\sqrt{\frac{1}{N-1}\sum_{t=1}^{N-1}(R_t-m)^2}$$

该国债的质押价值 = 最新估值 ×（1 − VaR），即

$$\text{标准券折算率}=P_T\times\left(1+\frac{1}{N-1}\sum_{t=1}^{N-1}R_t-4\sqrt{\frac{1}{N-1}\sum_{t=1}^{N-1}(R_t-m)^2}\right)$$

对于国债每日估值数据可以直接从中证指数公司采集，可以通过程序每日自动计算各债券的质押价值。此方法计算相对比较科学，但缺点是计算比较复杂。

三是按国债期限不同设置不同折扣比率。境外成熟市场有关国债担保品一般按国债不同的期限，设置不同折扣比率，一般期限越短，国债折扣率低；期限越长，折扣率越高。例如，芝加哥商品交易所（CME）对美国国债按如下标准计算折扣比率计算交易保证金：短期国债按市值折扣 0.5%，中长期国债在市值的基础上按照到期期限分别设定不同的折扣比率，且到期增加 1.5% 的折扣比率。

在我国现行市场环境下，测算可以采用如下具体方法：根据银行间市场分期限（0 ~ 3 年、3 ~ 5 年、5 ~ 7 年、7 ~ 10 年、10

年以上）固定利率国债指数计算出各期限固定利率国债收益率，然后根据方案一的方法计算出这些该类别资产的折扣率。我们以2007年1月1日以来中债固定利率国债指数作为样本，计算出不同期限固定利率国债的风险值（VaR），结果如表6-1：

表6-1　　各期限国债日收益均值、标准差和风险值

年限	均值	标准差	VaR
3年以下	-0.01%	0.18%	0.73%
3~5年	-0.01%	0.38%	1.53%
5~7年	-0.02%	0.56%	2.26%
7~10年	-0.02%	0.68%	2.74%
10年以上	-0.04%	0.91%	3.68%

数据来源：上海证券交易所。

依据此结果，可以较为科学地确定各期限品种的标准券折扣率。比如剩余期限为0~1年折扣率为0.995，剩余期限1~3年，折扣率为0.99；剩余期限为3~5年，折扣率0.98；剩余期限为5~10年，折扣率为0.97；10年以上0.96。此种方案的优点是考虑了不同期限国债久期不同带来的价值变化程度不同，比较简洁，如表6-2。

表6-2　　各期限国债充抵保证金的折扣率

年限	国债折扣率
0~1年	0.995
1~3年	0.99
3~5年	0.98
5~10年	0.97
10年以上	0.96

数据来源：上海证券交易所。

以上三种方法确定折扣系数各有优缺点，但由于交易所债券市场质押式回购社会认可度已经较高，市场参与者都比较熟悉，从业务规则的统一性考虑，建议国债充抵预发行保证金采用方案一，即直接沿用质押式回购中的标准券折算率，更加有利于风险控制。未来上交所市场拟在标准券折算率计算中引入债券估值，更能准确衡量债券质押价值。

五、每日估值清算

国债充抵预发行保证金后，由于国债二级市场价格波动，如果国债现券价格下跌，可能出现质押品不足的情况。在这种情况下，投资者需要及时补足质押券，否则会造成保证金透支。

具体做法是，在国债预发行每个交易日结束后（T 日），中国结算公司首先需要对担保账户的国债价值按照折算比率进行计算，核算出保证金账户的价值总额。如果由于国债价格变动导致保证金价值不足，投资者需在 T+1 日补充提交国债进入保证金账户，或者补交现金，使保证金账户的价格总额不低于应缴保证金。如果保证金不足，则中国结算公司进行“欠库扣款”，确保保证金账户有效覆盖国债预发行市场风险。

第七章
国债远期和利率互换中国债充抵保证金业务研究

目前，银行间市场的债券远期和利率互换等利率衍生品交易基本上均采用授信交易模式。授信交易模式本身仍然存在一定的信用风险，同时随着利率衍生品交易量的迅速增长，市场成员现有的授信额度往往不能满足其交易需要，而且监管机构相继发布了衍生品监管规定，针对参与者从事衍生品交易的信用风险提出了严格的资本金要求，市场参与者对国债充抵保证金的需求强烈。本章首先研究了当前国债远期和利率互换交易的授信交易，然后分析了国债充抵远期和利率互换交易保证金的必要性、可行性及存在问题。最后，提出了国债充抵远期和利率互换交易保证金的实施方案。

第一节 当前国债远期和利率互换交易的授信交易模式

一、授信交易模式的市场现状

授信是指交易主体向其他交易主体提供信用额度的行为，是主要针对信用风险的一种事前风险控制措施。授信关系的确立是场外金融市场交易开展的前提条件，场外市场询价交易方式一对一的交易特性也使得交易双方有可能针对对手方进行具体的授信安排，从而降低风险。目前，银行间市场的债券远期（包括国债远期）和利率互换等利率衍生品交易基本上均采用授信交易模式。

二、授信交易模式的具体运作

从银行间市场的角度而言，机构之间的授信往往基于所有的交易品种给出，也就是说，众多的金融产品共享一个授信额度。在授信额度内，机构内部的交易人员得以与特定对手达成交易。同时，机构会根据不同金融产品的风险特点制定不同的折算授信额度的方法，如利率互换，可能不是以名义本金直接充抵授信额度，而是要乘以一个风险系数加以换算。授信关系不是一经确立就不再变化，机构会根据市场情况的变化进行调整。

全国银行间同业拆借中心（简称“交易中心”）本币交易系统为询价交易方式下的各个产品提供了授信功能，交易成员可区别产品、灵活定制本机构的授信安排。为进一步提高利率互换市场的交易效率，降低市场成员交易成本，交易中心于2014年年初在利率互换市场推出了以双边授信关系为基础的报价撮合结合点击成交的机制。在该交易机制下，授信额度由各机构针对每一对手方在交易系统中设置，交易系统按照一定的计算规则实时扣减。额度计算规则包括总体授信和按期限授信两种。

总体授信是指针对每个对手方设定总的授信额度。

应扣减对手方总授信额度 = 合约名义本金 × 合约期限对应风险系数

其中，各期限对应的风险系数表由各机构在系统中自行维护，交易系统据以计算并扣减各机构针对其对手方的授信额度数值。

按期限授信是指针对每个对手方分期限设定授信额度。

应扣减对手方各期限授信额度 = 合约名义本金 × 合约期限对应风险系数

其中各期限对应的风险系数表由各机构在系统中自行维护，交易系统据以计算并扣减各机构针对其对手方的每个期限的授信额度数值。

交易系统提供两种授信额度更新方式，其中一种在每日开市时自动将授信额度还原成风控人员设置的初始值，另一种将前一交易日未使用的授信额度作为开市时的授信额度。授信额度可实时调整，可用授信额度以新设额度为准。下一步，上述交易机制和授信管理模式将扩展至债券远期等其他衍生品市场。

第二节

国债充抵国债远期和利率互换交易保证金的必要性和可行性

一、国债充抵国债远期和利率互换交易保证金的必要性

（一）授信交易模式存在的问题

随着利率市场化改革进程的不断深入，对利率互换等利率衍生品的避险和套利需求将迅速增长。在这一背景下，现有授信交易模式存在的缺陷将提高衍生品交易的风险管理难度，制约衍生品市场的进一步发展。第一，随着利率衍生品交易量的迅速增长，市场成员现有的授信额度往往不能满足其交易需要，从而限制了利率衍生品的交易规模和市场流动性。第二，自全球金融危机以来，银监会、证监会等机构监管者相继发布衍生品监管规定，针对其管辖的各类市场参与者从事衍生品交易的信用风险提出了严格的资本金要求，例如《银行业金融机构衍生产品交易业务管理办法》《证券公司风控指标监管报表编报指引第3号——利率互换》等。① 第三，授信交易模式本身仍然存在一定的信用风险，在授信额度内达成的债券远期和利率互换交易一旦发生违约，守约方的利益很难得到保障。

① 具体内容请参见银监会网站和证监会网站的相关监管制度和指引。

（二）国债充抵债券远期和利率互换交易保证金的国际经验

在国际市场上，场外利率衍生品交易降低信用风险的方法包括净额结算、信用支持安排、第三方提供保函、建立专门从事衍生交易的分支机构、衍生产品公司或特殊目标公司以及现金结算约定等。这些信用增进的方法可能交错混用以便整体提升信用水平。在上述方法中，信用支持安排得到了市场实践广泛的采用，越来越多的市场参与者意识到场外衍生交易中担保品的重要性。

国际互换与衍生品协会（ISDA）组织发布了一系列规范场外衍生交易的信用支持文件，自20世纪90年代开始即在国际市场上得到了广泛运用。[①] ISDA信用支持文件分为两类：一类是担保权益方式；一类是所有权转让方式。不管在哪种方式下，都是以交易出现净暴露的一方提供“信用支持物”来实现的。

在交易实践中“信用支持物”的具体种类因司法管辖地的不同而有所区别。原则上，任何可流通、可定价的投资级金融产品均可充当“信用支持物”。在美国，主要是现金、美国国库证券（Treasury Obligations）和美国政府机构证券（Agency Issues），也可包括不动产放款抵押债券、股票和公司债券。欧洲国家的交易者则普遍接受七国集团证券、十国集团证券和欧洲货币。总体来讲，最基本的合格的信用支持物除了现金之外就是政府证券。其最大的特点就是具有高度的流动性。就国际场外衍生品市场而言，目前其担保品以现金为主，约为80%；其次为政府债券，约为17%；其余为企业债、股票、金属、商品等。

---

① 《场外金融衍生产品监管的实践和启示》，中国人民银行武汉分行课题组报告，载 http：//wenku. baidu. com/link？ url = t3GWIEWh_ MTY - _ avj3Be0ja - V9dcV4 - UO5bljk1JG2QcLlZqr_ q3vIn7fpOlQ9WQnqFEe0lOu1x8 - KD25oTcCsbzUpRKbZSyew5u4T10u5O，2014年6月4号访问。

二、国债充抵国债远期和利率互换交易保证金的可行性

（一）国债充抵国债远期和利率互换交易保证金的法律基础

我国立法机关现将保证金定义为担保品，以国债充抵交易保证金，则被充抵的国债在法律上作为交易的担保品即质押财产存在。根据我国《物权法》第二百二十三条规定，债务人或者第三人有权处置的债券可以出质。国债作为债券的一种，当其作为交易担保品时，对其有处置权利的债务人或者第三人可以将其出质。此外，根据《全国银行间债券远期交易管理规定》（中国人民银行公告【2005】第9号）等及相关交易规则，银行间债券远期交易双方可按对手方的信用状况协商建立履约保障机制，具体形式包括保证金或保证券。利率互换等其他利率衍生品也具有同样的机制。

（二）《中国金融衍生品交易主协议》的履约保障机制

中国银行间市场交易商协会于2009年组织发布了《质押式履约保障文件》和《转让式履约保障文件》供市场成员签署，这两份文件均是为保障《中国银行间市场金融衍生产品交易主协议》（NAFMII主协议）下交易履行而签署的支持性文件。[①] 其中，《转让式履约保障文件》就交付金额与返还金额、计算与估值、转让、替换、计算与估值的争议处理、派息与利息金额、不构成违约的情况、提前终止的处置及其他条款做出了解释与规定；《质押式履约保障文件》则就担保的范围、交付金额与返还

① 中国银行间市场交易商协会官方网站，http：//www.nafmii.org.cn/，2014年6月4日访问。

金额、无须履行义务的情况、计算与估值、质权设立与解除的方式、替换、计算与估值的争议处理、利息金额、违约事件和不构成违约的情况、出质方和质权方享有的救济权利及其他条款做出了解释与规定。交易双方也可根据自身和交易本身需要双方自愿达成其他合法的履约保障安排。

从法律关系上说，《转让式履约保障文件》是《主协议》的补充，是一种交易有效约定，为单一协议的一部分，参与终止净额结算；而《质押式履约保障文件》与《主协议》属主合同与从合同关系，不参与终止净额结算。不论是哪种履约保障文件都规定交易双方可在保障品补充协议中约定合格履约保障品。质押式下合格履约保障品包括但不限于现金、债券及交易双方约定且符合中国法律规定的其他权利凭证；转让式下合格履约保障品包括但不限于现金、债券及中国法律没有禁止转让的其他财产。从我国实践来看，绝大多数金融衍生品交易的履约保证品和国际实践一样也使用了现金、国债以及信用级别较高的政策性金融债券等。

质押式履约只涉及到质权，在目前的我国法律体系中有明确的法律依据予以保障。但转让式履约除质权外还涉及到所有权，转让式履约现阶段主要在英美法系国家实施，包括我国在内的大部分大陆法系国家都没有对转让式履约的法律规定，故转让式履约的执行在现阶段法律依据不足。

（三）国债充抵国债远期和利率互换交易保证金的系统支持

目前，交易中心本币交易系统已经可以为债券远期和利率互换交易双方约定和使用担保品提供便利。双方可以协商决定采用担保品的形式（保证品或保证券）、数额、提交方式，并在交易系统报价界面填写保证金（或券）的比例，交易系统将根据比例自动计算出保证金（或券）金额。交易双方关于上述担保品的具体约定将显示在债券远期或利率互换成交单上。

此外，担保品管理等基础设施在不断完善。中央结算公司的担保品管理系统可向市场成员提供质押资产池管理、自动选券、质押券置换、逐日盯市等服务，便于衍生品市场的参与机构进行风险管理。

三、国债充抵国债远期和利率互换交易保证金存在的问题

（一）法律障碍

目前，以国债充抵债券远期和利率互换交易保证金面临的法律障碍主要在于：

一是担保品快速处置有待明确。通常来说，担保品必须覆盖一定时间内金融产品的价格最大波动，应当在尽量短的时间段内变现以覆盖由于产品价格波动而产生的风险。因此，为真正发挥担保品的风险防范功能，在出现违约情形时，担保品应能被快速处置，以便担保权人迅速实现权利。《欧盟金融担保品指引》规定："如担保人同意，在发生担保人行权事项时，担保人可以通过出卖或者占有担保品等方式实现担保权利。"美国《统一商法典》也有相关规定。由于我国《担保法》"禁止流质"条款规定,[①] 在市场成员违约（包括破产情形）时，质押权人不能直接约定质物所有权归债权人所有。因此，司法实践中对于违约后担保品是通过司法程序处置，还是由当事人事先约定出现违约情形时可自行处置，仍存在争议。若以国债作为银行间债券远期、利率互换等交易的担保品，应做好违约处置的制度安排。

① 《担保法》第六十六条："出质人和质权人在合同中不得约定在债务履行期届满质权人未受清偿时，质物的所有权转移为质权人所有。"《物权法》第二百一十一条："质权人在债务履行期届满前，不得与出质人约定债务人不履行到期债务时质押财产归债权人所有。"

二是国债转质押存在不确定性。转质押是发达国际市场对担保品灵活使用的通行做法。在发达国家，担保权人在获得担保品期间，可以将担保品出售或者再次质押，从而使担保品的使用率和流动性得到进一步提高。除意大利明确禁止一切转质押外，美、欧、日等国均不限制或允许转质押，且各类动产和权利质押均可进行转质押，在种类上并无限制。我国银行间市场同样存在担保品的再使用需求。但根据我国《担保法》有关司法解释的规定，债券经质押后在质权存续期内就不能再次进行质押。① 而《物权法》第二百一十七条又规定，出质方同意转质的质押财产可以转质押。因此，我国国债转质押的法律基础还不清晰，这在一定程度上影响了质押债券的使用率和流动性。

（二）会计税收

国债远期、利率互换中国债充抵交易保证金的税收取决于会计处理方式和该交易是否在相关司法管辖区中有税收待遇。如果是转让式履约，质押财产需要过户至质权方，并可能以资产项目出现在质权方的账目中，如果以转让方式的可能产生交易税，以赠与方式的可能产生赠予税，因此需要解决此种模式下的税收待遇问题；如果是质押式履约，财产所有权未产生变化，则无税收问题存在。

（三）市场惯例

在银行间市场当前的交易过程中，被用作担保的质押财产质权在质权方但所有权仍在出质方，即质押财产仍在出质方（债务方）账下而非质权方（经纪公司、清算会员等）账下。在清算机构进行

① 最高人民法院关于适用《中华人民共和国担保法》若干问题的解释（2000年）第一百零一条规定：“以票据、债券、存款单、仓单、提单出质的，质权人再转让或者质押的无效。”

中央对手清算时，要通过或者绕过质权方向出质方提出保证金要求，其过程复杂，也增加了清算机构无法及时足额收到保证金的风险。

第三节

国债充抵债券远期和利率互换交易保证金的实施方案

一、国债充抵债券远期和利率互换交易保证金的前提条件

国债的发行主体是主权国家。作为一种以国家信誉为担保的债券，国债具有以下主要特征：一是安全性高。以国家信誉作为国债还本付息的保证，在一国债券市场中国债具有最高的信用度，几乎不存在违约风险。二是流动性强。国债信用等级高，交易量大，参与的投资主体较多，在市场上容易变现，因而具有很强的流通性。三是收益稳定。同时，充抵债券远期和利率互换交易保证金的国债还必须满足以下条件：可流通、可过户、未质押、未冻结且不处于其他受限制状态。还需注意的是，国债只能充抵初始保证金（最低保证金），而不能充抵变动保证金。我国的国债票面利率基本上都高于银行同期存款利率，价格波动幅度较小，投资国债可以获得较高的稳定收益。以上特征构成国债可以充抵保证金的基础。

但是，为了使国债能够切实发挥充抵债券远期、利率互换等衍生品交易的保证金功能，还必须克服目前存在的一些障碍：一是要在法律层面明确担保品快速处置和国债转质押的可行性，并建立有效的实施机制；二是进一步梳理和明确国债充抵衍生品交易保证金的会计和税收问题；三是完善衍生品交易、结算、担保品管理等环节的相关基础设施，并进一步优化国债充抵衍生品交易保证金可能涉及的业务流程。

二、国债充抵债券远期和利率互换交易保证金的实施方案

（一）双边清算模式下的实施方案

在双边清算模式下，根据《全国银行间债券市场债券远期交易规则》和《人民币利率互换交易操作规程》，市场参与者可选择由第三方机构（以下简称管理机构）集中管理债券远期和利率互换的交易保证金。在该模式下，以国债充抵保证金的具体实施方案如下：

市场参与者委托担保品管理机构集中管理国债保证金的，应与担保品管理机构签署相关协议，通过协议规范管理机构与市场参与者的权利义务关系，并规定保证金管理业务流程。市场参与者在进行债券远期和利率互换交易过程中，双方约定以国债充抵保证金的，应对担保品（国债）的债券名称、券面总额、提交日等要素进行明确约定，交易双方可选择在成交日（T+0）或成交日的下一工作日（T+1）交付担保品，交付的担保品应在国债登记托管机构办理质押登记。

在债券远期和利率互换交易存续期间，担保品管理机构负责对市场参与者提交的国债担保品进行逐日盯市计算、担保品追加、担保品提取等管理。

（二）中央对手方（CCP）清算模式下的实施方案

在中央对手方进行集中净额清算的模式下，国债充抵债券远期、利率互换保证金的业务流程为：

中央对手方和会员在国债登记托管机构的开立国债托管账户，办理国债充抵债券远期、利率互换保证金相关业务。会员可于工作日向中央对手方申请交纳一定数额的国债充抵保证金。申

请中应写明国债的金额、数量、标准期限、有效期限、票面利率、提交日期等要素。中央对手方接到申请后，根据相应的集中度限额以及折算率等计算并决定接受充抵保证金国债的额度以及实际保证金的抵用额度。充抵保证金的国债提交到中央对手方后，该部分国债应在国债登记托管机构办理质押登记。

中央对手方于每日日终进行日常保证金计算。触发保证金追缴要求后，会员可决定用现金或者国债交纳。如果使用国债，应于次一工作日在其担保品账户中备足相应价值的国债，以满足缺口需求。当会员交纳的国债价值大于其规定的保证金额度，会员可随时提取超出价值相应的国债。

会员提交充抵保证金的国债应符合集中度限制：一是会员使用国债的面额总数不得超过该批次相同种类国债流通面额总数的规定比例；二是会员使用的所有国债加总的实际保证金的抵用额度不得超过初始保证金（最低保证金）要求的规定比例。另外，国债的充抵期限不得超过该国债的有效期限。对充抵保证金的国债，中央对手方应以市场普遍接收的公允价值为基准计算价值。①中央对手方可以根据市场情况对用于充抵保证金的国债的基准计算价值进行调整。

国债在充抵保证金期间内发生的利息支付等权益归会员所有。中央对手方向会员收取担保品管理费，包括国债日常维护费等。

三、国债充抵国债远期和利率互换交易保证金的风险控制

（一）双边清算模式下的风险控制

盯市机制是双边清算模式下重要的市场风险控制措施，也是

① 国债折算价值 = 国债基准计算价值 ×（1 - 折扣率），中央对手方根据国债的期限设置不同的折扣率。

目前 NAFMII 履约保障文件最具特色的安排之一。由于金融衍生产品价值是基于某种基础资产的价值或某一指数并随之变动而变动，在交易存续期间，交易双方的风险敞口会不断发生变化，信用风险的方向也可能会随之发生改变，用于充抵保证金的国债价值也可能出现变化。当交易一方出现账面盈利时，就会面临另一方违约的信用风险；随着市场价格的变动，原来账面盈利的一方也可能会成为账面亏损的一方，信用风险方向随之发生转换；而随着履约保障品的价值发生变化，可能导致现有履约保障品无法覆盖交易双方的风险敞口。这种转换和敞口及履约保障品价值的变化无法提前预知，所以需要采用盯市的方法，以交易市值确定的风险敞口和履约保障品价值为基础，定期对履约保障品的支付方向和支付数额在交易双方之间进行调整。

具体操作方式为：首先交易双方应约定具体的估值时间，指定相应的估值方对交易双方的风险敞口及履约保障品进行估值；在各估值日，估值方根据约定的计算公式，对交易双方的风险敞口和履约保障品进行调整。如一方当期经调整的风险敞口大于前期已提供的履约保障品数额，则应向另一方交付相应的履约保障品，如该方前期已提供给另一方的履约保障品金额大于当期经调整的风险敞口，则另一方应该将多余的履约保障品金额返还给该方。

双边清算模式下，交易平台或管理机构可以通过交易压缩提高衍生品交易信用风险的管理效率。交易压缩是指在不改变参与机构市场风险敞口的条件下主动终止衍生品存续交易。与中央对手方清算一样，交易压缩可缓解市场整体信用风险、降低运行成本并提高市场效率。但与中央对手方清算单纯转移信用风险不同，交易压缩将彻底消除被终止合约的信用风险、法律风险和操作风险，近年来已成为国际利率、信用衍生品市场上管理信用风险的主要手段。交易中心自 2012 年推出着眼于交易压缩的利率互换冲销服务以来，迄今已累计终止合约名义本金 1.3 万亿元，极大缓解了利率互换市场的整体信用风险。

（二）中央对手方清算模式下的风险控制

中央对手方清算模式下，中央对手方应合理完善担保品（国债）管理制度，确保在对手方违约时能够快速将国债处理变现，有效防范信用风险。由于国债在充抵保证金后不得用于自由买卖，因此，该部分国债从国债流通市场隔离出去，对相关国债的流动性产生了一定程度的影响。中央对手方应根据市场情况调整集中度限额的设置，以减小流动性风险。中央对手方应对国债实行每日盯市估值，根据市场情况调整国债的基准价值，同时根据市场风险情况定期调整国债折扣率，以最大程度减少市场风险带来的损失。

另外，在我国担保品（国债）处置是必须要研究的问题。《担保法》规定证券担保属于权利质押，目前权利质押的违约快速处置仍然存在争议，中央对手方应做好违约快速处置制度安排。相关担保品管理机构应开发完善的担保品管理系统，并保证其能稳定运行，同时配备合理有效的内控风险，避免操作风险的产生。

结　论

当前，我国开展国债充抵衍生品交易保证金业务具有高度的理论价值和重大的实践意义。国债充抵衍生品交易保证金是境外成熟市场的通行做法，有利于提高投资者的资金使用效率，降低市场运行成本，同时有利于盘活国债存量，充分发现国债价格，促进形成完善的国债收益率曲线，为各类金融资产提供定价基准。本书立足国债充抵衍生品交易保证金的基本主旨，在论述担保品基本理论的基础上，全面研究了我国国债担保品业务发展的现状和基本业务内容，再次论证了国债是最理想的担保品，以及开展担保品管理业务需要配套、完善的担保品管理制度等基本理论。同时，本书全面、系统研究了境外、境内市场国债充抵交易的保证金业务模式和具体实践做法，发现交易所（或证券金融公司）对担保品的控制权和处置权是境外开展该项业务的基本前提。一旦投资者违约，交易所（或证券金融公司）能够按照确定的程序及时处置担保品。在全面梳理我国法律对国债担保品业务的规范及存在的问题基础上，通过比较转移占有和权利质押两种业务模式的优势和不足，从市场长远发展来看，我们认为，我国证券市场融资融券业务所构建的转移占有担保模式已为相关业务的开展提供了宝贵的经验和示范，应作为我国开展国债充抵衍生品交易保证金的最终目标，建议以《证券法》修改和《期货法》立法为契机，从法律层面解决转移占有模式在我国证券期货市场的法律依据问题。近阶段，可以通过监管部门出台相关管理办法方式为转移占有模式提供支持，或在相关新法律法规出台之前，采用权利质押模式作为试点过渡方案。

在深入理论研究的基础上，我们具体分析了在期货、国债预发行、国债远期和利率互换交易中开展国债充抵保证金业务的必要性和可行性，并根据每类业务的具体特点，分别提出了相关业务的操作实施方案。可以预见，在期货等衍生品交易中开展国债充抵保证金业务能够降低投资者参与衍生品市场的交易成本，提高资金使用效率和市场运行质量，更能够活跃国债现货市场，充分发现国债价格，推动形成完整的国债收益率曲线。而随着国债充抵衍生品保证金的逐步开展，诸如国库现金管理等传统业务和其他创新业务也可以借鉴国债充抵衍生品保证金业务的实践经验。与此同时，国债充抵保证金业务的成熟经验也可以逐步扩展到股票、金融债、信用债、基金份额等其他金融资产，形成丰富、完善的有价证券充抵保证金业务体系，进一步降低交易成本、提高市场运行效率，切实推动资本市场的健康发展。

参考文献

一、法律法规、业务规则类

1.《中华人民共和国物权法》

2.《中华人民共和国担保法》

3.《中华人民共和国证券法》

4.《期货交易管理条例》

5.《证券登记结算管理办法》

6.《工商行政管理机关股权出质登记办法》

7.《证券公司监督管理条例》

8.《最高人民法院关于适用〈中华人民共和国担保法〉若干问题的解释》

9.《期货交易所管理办法》

10.《最高人民法院关于审理期货纠纷案件若干问题的规定》(一、二)

11.《中华人民共和国国债托管管理暂行办法》

12.《银行间债券市场债券登记托管结算管理办法》

13.《转融通业务监督管理试行办法》

14.《中国证券金融股份有限公司转融通业务规则(试行)》

15.《中国证券金融股份有限公司转融通业务保证金管理实施细则(试行)》

16.《中国证券金融股份有限公司转融通业务合同》

17. 《中国证券登记结算有限责任公司担保品管理业务实施细则（适用于转融通）》

18. 《中国结算上海分公司证券出借及转融通登记结算业务指南（试行）》

19. 《中国结算深圳分公司证券出借及转融通登记结算业务指南（试行）》

20. 《上海期货交易所结算细则》

21. 《郑州商品交易所结算细则》

22. 《大连商品交易所结算细则》

23. 《郑州商品交易所期货交易风险控制管理办法》

24. 《大连商品交易所期货交易风险控制管理办法》

25. 《上海期货交易所期货交易风险控制管理办法》

26. 《中国金融期货交易所期货交易风险控制管理办法》

二、中文期刊类

1. 魏来，论我国担保物权的实现程序，辽宁大学，2013

2. 王慧娟，台湾地区融资融券担保机制及其对大陆立法的启示，暨南大学，2013

3. 肖姗姗，香港地区融资融券担保机制研究，暨南大学，2013

4. 张一男，基于 VaR 方法的融资融券保证金比例研究，辽宁大学，2013

5. 朱吴强，让与担保制度探究，华东政法大学，2013

6. 张碧莹，我国国债法律监管体制研究，华东政法大学，2013

7. 赵子硕，商业银行利率风险控制问题解决方案，河南大学，2013

8. 王玉强，中国国债规模的研究，哈尔滨工业大学，2013

9. 万春，我国转融通模式下融资融券业务风险及其对策研究，南昌大学，2013

10. 饶红美，论美国融资融券担保机制及对我国的启示，暨南大学，2013

11. 刘凤元，衍生品保证金计算的国际经验比较，证券市场导报，2006，05：72～77

12. 马拴友、于红霞、陈启清，国债与宏观经济的动态分析，经济研究，2006

13. 崔建远，物的瑕疵担保责任的定性与定位，中国法学，2006

14. 邱永红，我国融资融券担保制度的法律困境与解决思路，证券市场导报，2007，03：42～50

15. 高圣平，我国动产融资担保制度的检讨与完善，中国人民大学学报，2007，03：126～133

16. 周颖、吴哲慧，基于风险控制的实物期货动态保证金设置研究，财经问题研究，2007，09：67～71

17. 王晋斌、于春海，中国利率市场化改革的可能路径，金融研究，2007，12：79～87

18. 邹海林、常敏，论我国物权法上的担保物权制度，清华法学，2007

19. 陈淼鑫、郑振龙，融券保证金成数调整对证券市场波动性的影响——来自台湾的证据，财经问题研究，2008，03：55～60

20. 党剑，利率市场化与国债期货，南开经济研究，2002，01：76～78

21. 朱世武、应惟伟，国债发行规模的实证研究，金融研究，2000

22. 岑雅衍，保证金担保性质浅探，上海金融高等专科学校学报，2000

23. 中国国债协会《国债市场化》课题组，国债的流通性与增发空间，经济研究，2002，05：32～38，93

24. 开文明、肖超虎、薛俊等，制度完善下的转融通机制，资本市场，2011，03：88～90

25. 尹继志，从美日经验分析利率市场化对金融运行的影响，亚太经济，2011，03：25～30

26. 杜恩斌，当前我国融资融券制度完善下的转融通机制，中国证券期货，2011，07：41～42

27. 聂庆平，融资融券试点情况与转融通业务，中国金融，2011

28. 冯佳，转融通业务模式选择，中国金融，2011，20：41～43

29. 张宗新、缪婧倩，转融通业务与信用交易市场发展，中国金融，2011，20：44～45

30. 王若晨、郭德兵，浅析转融通制度对我国证券市场的影响，时代金融，2011，33：151～152

31. 陈玉剑，我国融资融券转融通业务模式分析，中国证券期货，2012

32. 马学玲，关于我国证券市场引入转融通机制的思考，特区经济，2012

33. 齐萌，融资融券交易中的保证金制度，商业研究，2012

34. 黄江东，证券转融通法律制度比较研究，南方金融，2012

35. 张悦，转融通基本问题研究，证券市场导报，2012，07：62～65，77

36. 杨胜刚、汪琛德，期货保证金的设置原则及方式研究文献综述，生产力研究，2009，08：173～176

37. 易纲，中国改革开放三十年的利率市场化进程，金融研究，2009

38. 廖焕国，论我国融资融券交易担保机制的法律构造——以最高额质押为视点的框架分析，法律科学（西北政法大学学报），2009

39. 侯隽，交易保证金变动对我国期货市场流动性及波动性影响的实证研究，中国证券期货，2009，07：19～22

40. 黄伟、刘海龙，期货市场备用保证金度量及实证研究，系统管理学报，2010

41. 贲寒，动产抵押制度的再思考——兼评我国民法（草案）对动产抵押与让与担保制度之规定，中国法学，2003，02：39～45

42. 杨艳军、王永锋，期货市场交易保证金的设计，统计与决策，2005

43. 詹志红、吴桂平，国内外期货交易保证金制度之比较研究，成都行政学院学报（哲学社会科学），2003，06：39～40

44. 鲍建平，国内外期货市场保证金制度比较研究及其启示，世界经济，2004，12：65～69

45. 马亚军，西方融资担保理论综述，经济社会体制比较，2005

46. 陈亭宇，我国国库现金管理与国债管理的协调配合研究，财政部财政科学研究所，2012

47. 顾维清，融资融券动态保证金系统的设计，重庆大学，2012

48. 陈玉剑，我国融资融券发展现状及问题研究，山东财经大学，2012

49. 郑磊，融资融券运作机理及在我国的运用研究，华东理

工大学，2013

50. 洪锦屏、罗毅，转融通的中外比较，资本市场，2012，11：38～49

51. 杨洁，我国转融通业务的发展及监管研究，华北金融，2013

52. 张悦、廖娟，关于融资融券、转融通和证券借贷的比较与思考，金融理论与实践，2013，03：103～106

53. 郭健，我国融资融券业务下的转融通机制，长沙大学学报，2013

54. 叶武君、张弛，融资融券和转融通业务发展对金融业统一征信平台建设的影响——基于在证券行业推进金融业统一征信平台建设应用的思考，征信，2013，04：29～31

55. 张锦莉，国际证券转融通模式及其对我国的启示，商业时代，2013，17：90～91

56. 张小军，期货市场保证金法律制度研究，华东政法大学，2008

57. 黄江东，融资融券法律制度研究，华东政法大学，2012

58. 廖宗武，期货动态保证金结算制度研究，西南财经大学，2006

59. 常淑莉，期货保证金制度研究，上海社会科学院，2006

60. 庄颖，基于中国市场的融资融券保证金比例的设定研究，南京理工大学，2012

61. 李悦，我国转融通业务现状及其对证券市场的影响，时代金融，2013

62. 崔艳峰、秦子甲，融资融券及转融通保证金的法理基础与创新应用，证券市场导报，2014，02：51～55

63. 马更新、郭淑慧，我国转融通业务的模式选择与各方法

律关系分析，证券法苑，2011，02：705~717

64. 王丽，转融通业务监督管理试行办法，中华人民共和国国务院公报，2012，12：86~91

65. 刘霁萱，我国转融通法律问题初探，华中科技大学，2013

66. 楼建波，化解我国融资融券交易担保困境的路径选择，法学，2008，11：84~97

三、中文书籍和研究文献

1. 詹姆斯·M，布坎南，公债的公共原理，霍姆伍特：理查德.D. 欧文出版公司，1958

2. 大卫·李嘉图，政治经济学及赋税原理，北京：商务印书馆，1962

3. 凯恩斯，就业、利息和货币通论，北京：商务印书馆，1996

4. 高坚，中国国债，北京：经济科学出版社，1997（12）

5. 高培勇、宋永明编著，公共债务管理，北京：经济科学出版社，2004（10）

6. 高培勇、庄毓敏、李志辉，中国债券市场透视，北京：中国财政经济出版社，1999（10）

7. 马晨，国债市场与投资研究，北京：中国经济出版社，2002（8）

8. 沈炳熙，我国国债品种与期限结构的合理性研究，2006年中国国债市场年报，2006

9. 王开国，国债市场论，上海：上海人民出版社，1998（10）

10. 谢庚，推动债券市场发展促进统一互联市场体系建设，中国国债市场年报，2003

11. 周成跃，中国国债定价机制和国债收益率曲线情况介绍，

北京：中国财政经济出版社，2007

12. John C. Hull，风险管理与金融机构，北京：机械工业出版社，2010

13. 简军，融资融券，江苏：南京大学出版社，2009

14. 林辉，流动性调整的风险价值模型研究，江苏：南京大学出版社，2009

15. 屈波，证券市场流动性及流动性溢价，北京：经济科学出版社，2010

16. 沈沛、许均华、高翔等，证券信用交易制度研究，北京：中国金融出版社，2002

17. 王泽鉴，债法原理（第一册），北京：中国政法大学出版社，2001：32

18. ［德］卡尔·拉伦茨，德国民法通论（上册），王晓晔、邵建东、程建英等译，北京：法律出版社，2003.102

19. 孙宪忠，中国物权法总论，北京：法律出版社，2003.64

20. 沈沛、许均华、高翔等，证券信用交易制度研究，北京：中国金融出版社，2002.3

21. 吴林祥，证券交易制度分析，上海：上海财经大学出版社，2002

22. 周正庆、李飞、桂敏杰，新证券法条文解析，北京：人民法院出版社，2006

23. 简军，融资融券，江苏：南京大学出版社，2009

24. 皖君，融资融券，北京：中国科学技术出版社，2008

25. 顾功耘，经济法教程（第二版），上海：上海人民出版社，2007

26. 吴弘，中国证券市场发展的法律调控，北京：法律出版社，2001

27. 吴志攀、刘燕主编，金融法，北京：北京大学出版社，2008

28. 尚福林，证券市场监管体制比较研究，北京：中国金融出版社，2006

29. 李艳，融资融券法律机制研究，北京：法律出版社，2011

30. 沈沛、许均华等，证券信用交易制度研究，北京：中国金融出版社，2002

31. 孙国茂，中国证券市场信用交易制度研究，北京：中国金融出版社，2007

32. 张万成，中国证券市场信用交易研究，云南：云南大学出版社，2008

33. 中信证券，南方证券联合课题组，证券信用交易制度比较研究，北京：商务印书馆，2001

34. 卢静芳，构建我国证券信用交易法律制度问题研究，江西：江西财经大学，2006.

35. 王闯，让与担保法律制度研究，北京：法律出版社，2000

36. 陈本寒，担保物权法比较研究，湖北：武汉大学出版社，2003

37. 李朋良，期货市场风险管理的法律机制研究，北京：北京大学出版社，2005

38. 肖成，中国期货市场前沿问题研究，上海：上海财经大学出版社，2005

39. 上海期货交易所“境外期货法制研究”课题组，美国期货市场法律规范研究，北京：中国金融出版社，2007

40. 张金忠、李京生，期货法前沿问题案例研究，北京：中国经济出版社，2001

41. 孙才仁，期货市场的发展与监管，北京：中国经济出版

社，2008

42. 徐毅，期货市场结算风险管理研究，北京：经济科学出版社，2008

43. 卢涛，融资融券交易监管制度的国际比较研究，上海证券交易所研究中心，2010：17～22

44. 崔媛媛、王建琼、卢涛等，融资融券运行现状分析及问题剖析，证券市场导报，2010－10－10（19）

45. 胡茂刚，金融期货市场监管法律制度研究——以股指期货为中心，华东政法大学博士论文，2008

46. 钟伟、谢婷，迷途难返——货币政策与金融监管新走向，北京：中国经济出版社，2011

47. 胡继之，金融衍生产品及其风险管理，北京：中国金融出版社，1997

48. 史福厚，金融监管导论，北京：中国商务出版社，2004

49. 曹廷贵、孙超英，金融期货，四川：西南财经大学出版社，1996

50. 左柏云，金融风险案例剖析，广东：广东经济出版社，2001

51. 陈晗、张晓刚、鲍建平，股票指数期货理论、经验与市场运作构想，上海：上海远东出版社，2001

52. 周立，金融衍生工具发展与监管，北京：中国发展出版社，1997

53. 张元萍，金融衍生工具教程，北京：首都经济贸易大学出版社，2003

四、英文文献

1. A. Gupta. Financialcrisisenforcing Global Banking Reforms

[J], *Business Strategy Series*, 2010, 11 (05): 286 -294

2. Peter Yeoh, Sovereign Default Restructuring Options and Challenges in the European Monetary Union (EMU) [J], *International Journal of Law and Management*, 2011, 53 (03): 182 -198

3. Esther O. Adegbite, Folorunso S. Ayadi, O. Felix Ayadi, The Impact of Nigeria's External Debt on Economic Development [J], *International Journal of Emerging Markets*, 2008, 9 (03): 285 -301

4. HelderFerreira de Mendonça, Manoel Carlos de Castro Pires, Grad - ualism in Monetary Policy and Fiscal Equilibrium [J], *Journal of Economic Studies*, 2010, 37 (3): 327 -342

5. Winston Moore, Chrystol Thomas, A Meta - analysis of the Relationship Between Debt and Growth [J], *International Journal of Development Issues*, 2010, 9 (3): 214 -225

6. Helder Ferreira de Mendonça, Marcio Pereira Duarte Nunes, Public Debt and Risk Premium: An analysis from an Emerging Economy [J], *Journal of Economic Studies*, 2011, 38 (2): 203 - 217

7. Karl Farmer, JacopoZotti, Sustainable Government Debt in a Two - good, Two - country Overlapping Generations Model [J], *International Review of Economics*, 2010, 57 (3): 289 -316

8. A. Prskawetz. Government Debt, Budget Surplus, and Popularity of Politicians [J], *Journal of Optimization Theory and Applications*, 1998, 98 (1): 131 -149

9. Stacey L . Schreft, BruceD. Smith. Money, Banking, and Capital Formation [J], *Journal of Economic Theory*, 1997, 73 (1): 157 -182

10. Uzir A. Malik. Privatisation: The Malaysian Response to Na-

tional Debt and Economic Restructuring [J], *Managerial Finance*, 1996, 22 (05): 70 -86

11. PatrickMarren. Alternative Strategies Iceberg ahead [J], *Journal of Business Strategy*, 2009, 30 (1): 50 -52

12. William, Templeton, Robert Clark. European Banking After the Euro: Progress and Problems [J], *Managerial Finance*, 2001, 27 (9): 21 -31

13. Ronald I. McKinnon. China's Exchange Rate Policy and Fiscal Expansion [J], *Journal of Chinese Economic and Foreign Trade Studies*, 2009, 2 (2): 81 -85

14. Richard Wood. Delivering Economic Stimulus, Addressing Rising Public Debt and avoiding inflation [J], *Journal of Financial Economic Policy*, 2012, 4 (1): 4 -24

15. William R. DiPeitro, Emmanuel Anoruo. Government size, Public Debt and Real Economic Growth: a Panel Analysis [J], *Journal of Economic Studies*, 2012, 39 (4): 410 -419

16. Peter T. Calcagno, Justin D. Benefield. Economic freedom, the Cost of Public Borrowing and State Bond Ratings [J], *Journal of Financial Economic Policy*, 2013, 5 (1): 72 -85

17. Carmen Caba Pérez, Manuel Pedro Rodríguez Bolívar, Antonio M. López Hernández. E - Government Process and Incentives for Online Public Financial Information [J], *Online Information Review*, 2008, 32 (3): 379 -400

18. Gary E. Clayton. The Federal Deficit Mand the National Debt [J], *Business Economics*, 2005, 40 (1): 29 -39.

19. Karsten Mause, Friedrich Groeteke. New constitutional "debt brakes" for Eurol and Aquestion of institutional complementarity

[J], *Constitutional Political Economy*, 2012, 23 (4): 279 -301

20. Matthew Kofi Ocran. Fiscal Policy and Economic Growth in South Africa [J], *Journal of Economic Studies*, 2011, 38 (5): 604 -618

21. Mathias Dolls, Andreas Peichl, Klaus F. Zimmermann. A challenge for the G20: Global Debt Brakes and Transnational Fiscal Supervisory Councils [J], *Inter economics*, 2012, 47 (1): 31 -38

22. Karl Farmer. Public Debt Sustainability, Real Exchange Rateand Country - Specific Saving Rates [J], *International Advances in EconomicResearch*, 2011, 17 (1): 45 -65

23. Lodovico Pizzati. Monetary Policy Coordination and the Level of National Debt [J], *Empirica*, 2000, 27 (4): 389 -409

24. Albert S. Kyle. Continuous Auctions and Insider Trading [M], 1985

25. Darrell Duffie&Stephen Schaefer. Credit Risk: Pricing, Measurement and Management [M], 2003

26. Dennis Weatherstone. Risk Metrics [M], Fourth Edition, 1996

后　记

国债充抵期货和衍生品交易的保证金是境外市场的通行做法，有利于降低市场运行成本，提升市场运行效率，同时有利于盘活国债存量，提高国债现货市场流动性。2013 年年底，根据“国债期货跨部委协调机制”第二次会议的工作部署，《国债充抵交易保证金问题研究》课题正式启动。课题由财政部国库司和证监会期货部牵头组织，人民银行、银监会、保监会等参与指导，中央结算公司、中国结算公司、上海证券交易所、中国外汇交易中心、上海清算所及中国金融期货交易所作为课题组成员，共同开展该项课题研究。此后，课题组先后召开了多次课题研讨会，就国债充抵交易保证金业务中的法律问题、业务模式选择等重点难点问题进行了专项研讨。在听取各方领导和专家意见基础上，课题组数易其稿，经过近 8 个月的努力，最终完成。

衷心感谢课题各参与单位领导和有关同事的鼎立支持，眼前的这本书是全体课题参与单位集体智慧的结晶。感谢财政部李小虹、滕霞光、谷体峰、杨光、孙雪莲、方洋，证监会任少雄、巫伟斐、徐晶，人民银行罗惟丹、李轶鸣、孙寅浩、崔芝平，银监会丁鹿、唐力，保监会胡汇杰、张剑，中央结算公司王祎、董屹、张婷、张志杰、孙翊宸、吕尚峰、孙琪、贾超，中国结算公司朱立元、王小楠、刘佳、许高庆、乔奇兵，上海证券交易所廖志刚、袁伟荣、王建国、胡俊华，外汇交易中心余波、杨凝、王玲童，上海清算所倪建明、龚永光、郭渝，中国金融期货交易所杜惟毅、汪明文、杨东、王莹丽、刘志刚、叶美林、李龙华、于诗蕾、滕茜、连汉伟等对课题研究的支持！

《国债充抵交易保证金问题研究》课题组
2014 年 12 月